# 障害学生支援入門
## 誰もが輝くキャンパスを

鳥山由子・竹田一則　編

# は じ め に

　筑波大学は、全学に平等に行きわたる障害学生支援を目指して、2001（平成13）年度に障害学生支援委員会を発足させました。その際、開学以来続いてきた学生による自発的な支援活動の歴史を尊重するとともに、共生社会の担い手を育成するという現代的な課題への対応を考え、学生による支援活動を支援体制の柱の一つに据えました。この理念は、障害学生支援委員会が障害学生支援室に発展した後も引き継がれています。

　また、一人でも多くの一般学生が障害への関心を深め、障害学生の支援に関する基礎的な知識と技術を習得することを目的にして、「共生キャンパスとボランティア」と称する授業を2002年度に開設し、9年間にわたって続けてきました。2011年度からは、全学の1年生を対象とした選択必修科目（総合科目Ⅰ）の一つとして、「障害学生とともに学ぶ共生キャンパス」という授業を障害学生支援室の責任で開設しています。本授業は、オムニバス形式で、それぞれの障害の専門教員が輪番で講義し、外部の専門家もゲストスピーカーとして参加します。

　本教科書は、この授業の教科書とすることを第一の目的として作成されましたが、他大学においても活用していただけるように工夫されています。

　各章の執筆者は障害科学や医学の研究や臨床の専門家であるだけでなく、障害学生支援室の活動を日々支えている教員です。その豊富な専門知識と実践経験をもとに、これだけは学生に伝えたいという思いが本書に凝縮されています。また、本書の作成に当たっては、障害学生、支援学生が献身的に協力してくれました。ここに記して感謝の意を表明する次第です。

　本書が、これからの日本の、共生社会の担い手の育成に役立つことを心から願ってやみません。

2011年6月

筑波大学副学長（学生担当）　　　西川　　潔
障害学生支援室長

# 本書の利用にあたって

　本書は主に大学において、はじめて障害学生の支援に関わる、支援学生の皆さんや教職員の方々を対象とし、支援に関する基本的な事項を理解することを到達目標としています。

　構成上の工夫としては、大学の教科書として利用できるよう、半期の講義時間で十分に消化できる内容に収めてあります。また、第一部の各章末にはキーワードおよび演習問題をつくり、理解度の確認ができるようにしました。また、二部の構成とし、第一部では障害学生支援に関する基礎的な内容を、第二部には主に筑波大学における障害学生支援の実践・紹介などの内容を盛り込みました。

　障害学生の支援は、その学生さん自身の障害の内容や程度はもちろんですが、専攻している分野、あるいは大学キャンパスの構造や地理的環境、周囲の支援体制など、様々な状況によって変化することは言うまでもありません。特に第二部の筑波大学での実践内容は、発展的な一つの具体例として参考にしてください。

　本書が障害を持ちながら、日々、大学で勉学や研究に打ち込まれている学生のみなさんや、それぞれの立場で障害学生の支援に携わっておられる学生・教職員の皆様の活動の一助となれば著者一同、望外の喜びです。

　本書を草するにあたり、筑波大学の多くの障害学生や支援に関わる学生の協力を頂きました。また株式会社　ジアース教育新社には、本書の構成も含め大変お世話になりました。ここに記して感謝を申し上げる次第です。

2011年 6 月

　　　　　　　　　　　　　　　　　　　　　　　　　　　　　著者一同

# 障害学生支援入門
## －誰もが輝くキャンパスを－

**はじめに**
**本書の利用にあたって**

第一部　障害学生支援の理論と実際　………………………　7

第1章　総　論　………………………………………………　7

**第1節　共生キャンパスと障害学生支援**　………………　8
　① 　共生社会をめざす国内外の動向
　② 　障害のある学生への支援の必要性
　③ 　一般学生の参加の意義
　④ 　ユニバーサルデザインとは
　　　● キーワード
　　　● 練習問題

**第2節　障害学生支援の基本的なコンセプト**　…………　14
　① 　修学のための本質的な支援と平等な成績評価
　② 　全学的な支援組織の必要性
　③ 　教育組織が主体になる支援
　④ 　学生参加による支援体制
　⑤ 　学外機関との連携
　　　● キーワード
　　　● 練習問題

**第3節　ピア・チューター制度のめざすもの**　…………　20
　① 　ボランティアのイメージの変遷
　② 　ピア・チューター制度の意義
　③ 　真に対等な関係をめざして
　　　● キーワード
　　　● 練習問題

**第4節　学修に必要な生活支援とキャリア形成支援**　……　24
　① 　学修に必要な生活支援
　② 　キャリア形成と就職支援
　　　● キーワード
　　　● 練習問題

第2章　障害別支援　………………………………………　29
**第1節　視覚障害学生の支援**　…………………………　30

① 視覚障害とは
　② 視覚障害学生のニーズ
　③ 視覚障害学生支援の実際
　　　● キーワード
　　　● 練習問題

### 第2節　聴覚障害学生の支援 …………………………………………… 42
　① 聴覚障害とは
　② 聴覚障害学生のニーズ
　③ 聴覚障害学生の支援の実際
　　　● キーワード
　　　● 練習問題

### 第3節　運動障害学生の支援 …………………………………………… 54
　① 運動障害とは
　② 運動障害学生のニーズ
　③ 運動障害学生の支援の実際
　　　● キーワード
　　　● 練習問題

### 第4節　発達障害学生の支援 …………………………………………… 62
　① 発達障害のある学生とは
　② 発達障害学生の支援の必要性が高まってきた背景
　③ 発達障害学生はどのようなことで困っているのか
　④ 発達障害学生の実態
　⑤ 発達障害学生の支援の実際
　　　● キーワード
　　　● 練習問題

### 第5節　保健管理センター(精神科・学生相談)と連携した障害学生支援 … 74
　① 保健管理センターの利用状況
　② 主な精神障害
　③ 精神障害のある学生への支援
　④ 精神的危機への対応
　　　● キーワード
　　　● 練習問題

## 第二部　筑波大学における実践紹介 ………………………………… 81

## 第1章　共生キャンパスをめざす授業 ………………………………… 81

### 第1節　総合科目「障害学生とともに学ぶ共生キャンパス」 ………… 82
　① 授業の目標と内容
　② よくある質問と回答（Q 1 〜 Q 36）

### 第2節　自由科目「障害学生支援技術」とピア・チューター養成講座 … 94
　① ピア・チューター養成講座の概要

② 障害別養成講座の内容
③ 養成講座の授業化
## 第2章　ピア・チューター制度を中心にした学生の支援活動 …………… 97
### 第1節　ピア・チューター・チームスタッフの活動と活動証明書の発行 …… 98
### 第2節　学生による聴覚障害学生支援チームの運営 ………………… 100
☆コラム：聴覚障害学生の声 ………………… 105
### 第3節　キャンパスのバリア調査とバリアフリーマップの作成 ……… 109
☆コラム：障害学生と支援学生の保険 ………………… 112
☆コラム：ピア・チューターの声 ………………… 114
## 第3章　教育組織による支援 ………………… 115
### 第1節　教育組織による入学時の相談活動 ………………… 116
### 第2節　運動障害学生の化学実験の支援 ………………… 120
### 第3節　医学専攻の聴覚障害学生の支援 ………………… 121
## 第4章　学内外の連携による支援 ………………… 127
### 第1節　学生宿舎と障害学生支援 ………………… 128
### 第2節　大学交通システムにおける民間交通機関との連携－循環バスを快適に－ … 130
### 第3節　移動手段の工夫（タクシー導入について） ………………… 133
### 第4節　施設部との連携 ………………… 135
## 第5章　就職支援 ………………… 137
### 第1節　就職支援のシステム ………………… 138
### 第2節　障害学生の進路調査 ………………… 139
### 第3節　障害学生に対する就職支援講座 ………………… 140
## 第6章　新しい課題への取り組み ………………… 141
### 第1節　視覚障害学生の情報処理実習 ………………… 142
① 視覚障害者のパソコン利用
② 情報処理実習の個別指導
③ 個別指導の実際
④ 高大連携の重要性
☆コラム：受講学生の感想 ………………… 144
### 第2節　社会人大学院における視覚障害学生の支援－実績と課題－ … 145
① 社会人大学院における視覚障害学生への支援の実績
② 社会人大学院における障害学生支援の課題
### 第3節　音声認識技術利用の試み ………………… 147

# 第三部　資　料 ………………… 149
### 第1節　全国の大学・短大・高専における障害学生の数 ………… 150
### 第2節　障害の基準 ………………… 154
### 第3節　大学入試センター試験における試験特別措置 ………… 158

**執筆者一覧** ………………… 167

# 第一部
## 障害学生支援の理論と実際

## 第1章　総論

## 第1節 共生キャンパスと障害学生支援

### ① 共生社会をめざす国内外の動向

　共生社会とは、社会的なあらゆる活動に、すべての人々が平等に参加できる社会である。障害のある人についても、医学的な意味での障害だけにとらわれず、その人がどれだけ社会参加ができているか、その人のやりたいと思う人生を実現していくことができているかによって、障害を考えようとしている。このような考え方は、2001年に世界保健機関（World Health Organization：以下WHO）の総会で決められた、国際生活機能分類（InternationalClassification of Functioning, Disability and Health：以下ICF）にも表されている。歴史的には、ICFは、1980年にWHOが発表した「障害の国際分類基準（International Classification of Impairments, disabilities and handicaps：以下ICIDH）」を発展させたものである。ここでは、まず1980年に決められたICIDHについて説明する。

　ICIDHでは、障害を次の三つのレベル（階層）として考える。

- ・インペアメント（impairment）　：形態・機能障害
- ・ディスアビリティ（disability）　：能力障害
- ・ハンディキャップ（handicap）　：社会的不利

　インペアメントとは、身体のどこかに病気などによって機能的な変化が生じた状態である。インペアメントの結果としてディスアビリティ、例えば、歩けない、目で文字を読むことができない、人と話ができないなど、「できない」ことが生じる。さらに、そのことがハンディキャップ、すなわち社会的な不利を引きおこす。このように、3つのレベルには、階層性がある。

　この3つの階層について、具体的に説明しよう。

　インペアメントは、医学によってしか解決できないものである。途上国では、今後の医学の進歩によって予防や治療ができる疾病が多いため、世界全体としてはインペアメントを減らす可能性がある。しかし、日本のような高度に医学が発達した社会では、多くの場合、「今の医学では治らない」と宣告されたところから障害が始まる。したがって、多くの場合、障害のある人自身にとって

は、インペアメントは受容しなくてはならない状態である。ただし、発達障害や精神障害の症状は、適切な医療によって改善する可能性もあり、身体障害とは事情が異なる。

障害の第2の階層であるディスアビリティーは、インペアメントの結果として、何かが「できない」という状態である。ディスアビリティは、教育によってアビリティーに変えることができる部分が大きい。例えば、視覚障害のために普通の文字を読むことができなくても、点字を勉強することによって読書ができるようになる。また、IT利用能力を高めることにより、パソコンで書物を検索し、テキストデータを読むことができる。このような手段を獲得することによって、「文字が読めない。読書ができない」というディスアビリティー（できないこと）を、アビリティー（できること）に変えることができるのである。

ところが、足が悪くて歩けないというディスアビリティを有する人が、車いすを自分で操作する能力（アビリティ）を身につけても、建物や交通機関のバリアフリー化が進んでいないと、一人で外出することが制限されてしまう。このとき、外出を妨げる要因は、例えば、駅にエレベーターがないとか、歩道に段差が多いという社会的な環境の不備である。このような社会的な対応の不備から来る制約をハンディキャップと言う。

ハンディキャップは社会的な対応によって解決するべきものであるから、障害のある人たちのことを「ハンディキャップのある人（people with handicap）」と言うと、そのような社会的な制限を放置しているという意味に取られかねない。逆に、障害のある人自身が、「私たちは社会的に大変な不利を被っている存在である」と主張する場合には、あえて「ハンディキャップを受けている」という言い方をすることがある。しかし、そうでない場合は、「障害」という言葉にはディス・アビリティーとかインペアメントを用い、ハンディキャップとは言わない。

障害に関する現在の国際基準は、2001年にWHO総会で決められたICFである。ICFにおいても、ICIDHと同じように障害を三つのレベルで把握しようとするが、障害のマイナス面だけでなく、個人としての総合的な能力や生き方のプラス面をも重視する立場から、プラスの用語を用いることとなった。すなわち機能障害でなく「心身機能・構造（body functions & structure）」、能力障害でなく「活動（activity）」、社会的不利でなく「参加（participation）」を用いる。これらが障害された状態はそれぞれ「機能・構造障害」、「活動制限」、

「参加制約」である。分類の名称に使われている「生活機能（functioning）」とは、人間生活の３階層を包括するプラスの包括用語であり、マイナスの包括用語である「障害」に対応して新しく作られた概念である。

ICFには、様々な観点が示されているが、ひとことで言えば「共生社会は、社会的な活動へのすべての人々の平等な参加を目的にする。障害があってもさまざまな活動に参加できているかどうかがなにより重要だ。障害があるために様々な活動に参加したくても参加できない状況があるなら、そのことこそが『障害』なのだ」という考え方である。どのようなインペアメントがあるかではなく、社会に参加して自分がやりたいことを実現し、人生を全うしているかどうかを大切にする考え方である。ICFでは、自分の人生を全うしている人は、どんなに重いインペアメントを持っていたとしても障害の重い人と考えない。これはアクティブな障害者たちの意見が非常に色濃く反映された国際的な基準であると言われている。

このような考え方は、大学の障害学生支援にも深く関わっている。今から数十年前には、障害のある人が大学進学を志すこと自体否定されることがあった。障害のある人にとっては、障害があること自体よりも、障害を理由に、大学進学の道が閉ざされることのほうがより大きな不幸であった。

逆に、重度の身体的な障害があっても自分の人生を全うできれば、人は自分を不幸だと考えないこともできる。その象徴的な事例として、筋ジストロフィーという難病に犯されながらも宇宙のブラックホールに関する研究を続けてきたホーキング（Stephan W. Hawking）の言葉を紹介しよう。

「私は成人期の全てにおいて、事実、運動ニューロン疾患と共に暮らしてきました。でも、だからといって、そのことは私に愛する家族を持ち、仕事の上でも成功するということの妨げにはなりませんでした。このことに関して、妻や子供たち、多くの人々や組織からの援助に感謝しなければなりません。私は他の同じ病気の方々より進行がかなり遅かったことで幸運だったこともあるのでしょう。でも、同時に、このことは誰でも望みを失う必要はないということを表わしているのではないでしょうか。」（http://www.dontp.cam.ac.uk/user/hawking/）

このように、ハンディキャップやディスアビリティは、本人や周囲の人々の努力によって軽減することができる。そのことによって、現代の医学で解決できないインペアメントを、本人が受容できるようになると言えるであろう。

現在、日本でも、国際的な動きに呼応して「障害者基本計画」の「重点施策

実施５か年計画」が策定され、障害者の社会参加を促す活動が国を挙げて進められている。

大学の障害学生支援も、このような国際社会の、あるいは日本の大きな動きの中の一環であるという位置付けをしておく必要がある。

## ② 障害のある学生への支援の必要性

障害学生にはなぜ修学支援が必要か、あらためて考えてみたい。

大学の授業は基本的に、大多数を占める障害のない学生を想定している。特別支援学校ではないので、障害のある人を主人公にしてそのニーズに合わせた授業をすることは難しいところである。しかし、この状態を放置すれば、障害学生が授業を理解することは困難である。そこで、周囲の人々がそれぞれの立場で力を出し合うことによって、障害学生が授業に参加し、授業内容を理解し、試験を受けて合格していくことができるような環境を作る必要がある。これが障害学生支援という考え方である。

もう少し具体的な話をしよう。例えば、聴覚障害学生が受講している授業の担当教員に、手話を使いながら講義をしてくださいと言うことはほとんど無理な要求であろう。しかし、講義を通訳する人を授業に配置する、そして、授業担当教員が通訳者の仕事がうまくいくように配慮しながら講義をしたり、印刷物を使った説明を多くすることにより、聴覚障害学生にも理解しやすい講義にすることは可能であろう。このように、それぞれの立場で障害学生の授業参加のための努力をすることが、障害学生支援という活動である。

大学は社会に出る準備をする場でもあるから、社会で通用する人材を作らなければならない。したがって、障害学生の自覚と対応能力を育てることも障害学生支援の重要な目的である。何もかも手助けするのではなく、やり方を教えて次第に自分でできるようにしていくことが大切である。入学してきたときにはほとんど何もできない学生や、自分の障害について理解していない学生もいるが、適切な支援を受ける経験を通して、障害を克服する態度や技能を身に付け、障害によるニーズの自覚と周りの人への説明能力を育てることができる。このように、自立した障害学生を育てることも大学における障害学生支援の大切な側面である。

## ③ 一般学生の参加の意義

大学の障害学生支援においては、障害学生との共学が周りの学生を育てると

いう視点をもつことが大切である。障害学生支援は、少数の障害学生だけのための活動ではなく、すべての学生にとって教育的な価値がある活動であるという位置付けである。大学は、学問だけでなく社会生活の常識やものの見方を身に付ける場所である。一人の障害学生がいれば、おそらく100人くらいの学生が何らかの関わりを持つ。障害のある人と喜びや悲しみをともにする中で、周りの学生は多くのことを学ぶ。このことは共生社会の担い手を育てる重要な活動である。障害のある人を一人の人間として理解する人が増えることは、障害のある人の社会参加にとっても大きな力になる。

## ④ ユニバーサルデザインとは

「バリアフリーからユニバーサルデザインへ」という言葉を聞くことが多い。ここではこの両者の違いについて考えてみたい。

バリアフリーとは、障害のある人が社会生活をしていく上で障壁となるもの（バリア）を除去するという考え方で、いわばマイナスからの出発である。それに対して、1980年代にアメリカ・ノースカロライナ州立大学のロナルド・メイス（Ronald L. Mace）が、新たな概念として「改造を施したり特別なデザインをすることなく、最大限、可能な限りすべての人に利用しやすい製品や環境をデザインする」というユニバーサル・デザインを提唱した。つまり、始めのデザイン段階から、障害のある人を含めた多様な人々の利用を想定してデザインをするという考え方である。近年では、ユニバーサルデザインは施設等のハード面のデザインだけでなく、ソフトでの対応を含めたユニバーサルシステムとして捉えるとともに、変化するニーズに対し改善を継続していくスパイラルアップの考え方が重要視されている。

大学においても、新しく建設する建物については多目的トイレやエレベーターの整備などが建築基準として決められている。また、そのようなハード面だけではなく、履修システム、授業の在り方などのソフト面を含めて、障害のある学生にもできるだけアクセスできるシステムを作るという意味で、大学のユニバーサル・デザインが提唱されるようになった。

ユニバーサルデザインは、バリアフリーという考え方と対立するものではない。新しい校舎を建築するときには、さまざまなニーズを想定して、ユニバーサルデザインによることが必要である。しかし、多くの大学は古い校舎が多く、ハード面では現存するバリアをできるだけ除去するバリアフリー化が求められているのが実態であろう。

そのような場合、障害のある学生が学内をどのように動くかを具体的に検証した上で、その動線を確保するための重点的な整備をすることが大切である。また、運動障害のある学生のニーズは多様であることから、標準的な多目的トイレを整備すれば済むというわけではなく、障害学生のニーズに合わせた個別的な対応や修繕が必要になることはしばしばある。その意味でも、一般的なバリアフリー化ではなく、在籍している障害学生のニーズに対応するための重点的な整備をする大学ならではのバリアフリー化がある。

履修に関わるソフト面の対応も同じで、ユニバーサルデザインを志向しながらも、在学する障害学生のニーズに具体的に対応することがまずは求められる。例えば聴覚障害学生がいる授業で、教員が印刷した資料を用いてわかりやすい授業を心がけることは、他の学生にとってもわかりやすい授業になるので、授業のユニバーサルデザインと考えることができる。しかし、それだけでは聴覚障害学生が十分に講義を理解することは難しいので、例えば手話通訳などの支援システムを導入することが必要になる。しかし、その方法によっても不都合が生じる場合は、さらに別の手段を考える。このようにスパイラルアップの考え方が特に重要なのである。

### キーワード

共生社会　社会参加　ICIDH　ICF　障害学生支援

### 練習問題

・共生社会の創造にとって、大学の障害学生支援が果たす役割とは、どのようなものか説明しなさい。

## 第2節　障害学生支援の基本的なコンセプト

### ❶ 修学のための本質的な支援と平等な成績評価

　障害のある学生が障害のない学生とともに教育を受け、その目的を達成するために支援が必要であることは先に述べた。その場合でも、特別扱いは最小限にして、出来るだけ一般学生との共通の場で学修ができるようにすることが大切である。

　例えば、点字を使用している視覚障害学生の試験をレポートで代替することは、学生に便宜を図っているように見えて、じつは必ずしも良いこととは言えない。レポートでの代替はやむを得ない場合に限り、できるだけ一般学生と同じ試験を点字で受けられるようにすることが大切である。障害があるために他の学生と同じ試験が受けられないことが多いと、対等に扱われていないという気持になることがある。また、定期試験が終わって多くの学生が解放感にひたっている中で、障害学生だけが多くのレポート課題を抱えているのも、本人にとっては辛いことかもしれない。

　障害のある学生の試験に時間延長・別室受験等の措置を講じることが必要な場合があるが、いつでも一律に時間延長や別室受験にする必要があるとは限らない。例えば、一般学生が比較的短時間で終える試験内容であれば、障害学生が他の学生より時間がかかっても授業時間内に終わることが可能であろう。また、試験会場である教室をそのまま続けて使える場合は、障害学生に時間延長の措置をとったとしても、一般学生と同じ教室での受験が可能である。

　成績評価のダブルスタンダードを設けないことは基本である。例えば、一般学生の合格点は60点であるが障害がある学生は40点でよいとか、全員が受けることになっている試験を障害学生は受けないでよいなどという措置には問題が多い。障害のある学生は、他の学生と対等に勉強しようと思って大学に入学している。「あなたには障害があるから、他の人と同じにやるのは無理でしょう。あなたはその程度で合格にしてあげましょう。」というのは、親切なようで障害のある学生の学ぼうという気持ちを萎縮させてしまいかねない。

　大学は、すべての学生に質の高い同一の教育を保障する場である。成績評価

の基準を変えないということは、障害の有無による有利・不利をなくすことであり、授業をとった学生に単位を出すことは、同じ能力を保障するということである。

## ② 全学的な支援組織の必要性

支援で最も大切なのは人である。周りの人たちが障害学生のために何かできることがないか、友達としてできることがないか、教員としてできることがないかと思う気持ちがいちばん大事であることは言うまでもない。

しかし、全学に平等に行き渡る障害学生支援活動を継続するためには、障害学生支援センターや障害学生支援室などの全学的な支援組織が必要である。

障害学生にとっては、相談窓口が一元化されていることが何よりも重要である。何か困ることがあるときや、支援サービスを受けたいときにどこに相談すればよいかがわかっていることは、障害学生が安心して学生生活を送る上で大切なことである。障害学生にとって「困ること」はあちこちで起こる。例えば車いすの学生が通る道に水たまりができている。その水たまりのことをどこに訴えればよいのか、システムができていないとたらい回しにされて、障害学生が学内のあっちに行ったりこっちに行ったりしなければならない。障害学生に関わる窓口を一元化して、「どんなことであっても、取りあえず障害学生支援室に申し出なさい、メールでも電話でも窓口に来てもいいから、とにかくここに申し出れば対応します」と示しておくことは非常に大切である。

障害学生支援センター（障害学生支援室）には障害のある学生、一般学生、教員、学外者など、すべての人からの相談を受け付ける窓口としての機能が期待される。

次のような場合、まず、電話かメールで受け付け、その後、適任者により面談などの相談を実施し、具体的な対応に進める。

① 障害学生が支援の相談や依頼をしたいとき
② 学内に危険箇所や通行困難な場所があり、修理をしてほしいとき
③ 障害別の具体的な支援内容を知りたいとき
④ 教員が、授業や試験の方法に関して相談や支援の依頼をしたいとき
⑤ 身近に障害学生がいるが、どのように支援したらよいかわからないとき
⑥ ボランティアやピア・チューター（学習補助者）として活動をしたいとき
⑦ 障害学生が学生宿舎への入居を希望するとき
⑧ 障害学生支援のホームページの内容に関して質問や意見があるとき

⑨　その他、障害学生支援に関してどこに尋ねたらよいかわからないとき

## ❸ 教育組織が主体になる支援

　障害学生支援にとって何よりも大事なのは、教育組織の主体的な関わりである。障害学生を支援する窓口は障害学生支援室であるが、授業をするのは個々の教員であり、試験をするのも成績評価をするのもそれぞれの教員である。教員による支援とは、点訳をするとか手話を使うということではなく、授業を受講している障害学生を受け入れる気持ちを持つことである。これは教員にしかできないことであり、各教員が自分の授業を障害のある学生にもわかってもらいたいという気持ちを持つことがいちばんの支援である。

　一方で、全学的な支援組織は、教育組織（教員）による障害学生支援をバックアップするためにも重要な役割をもつ。具体的には、障害学生の履修に関する基本方針を提示するとともに、障害学生支援に関わる教員の相談に応じたり、点字による試験などの実務を担当する。

　障害学生が専門科目を履修する際には、そのカリキュラムに責任を持つ各専攻の教員の柔軟な対応と支援が最も大切になる。講義や、実験・実習などの具体的な場面に即した支援体制や支援内容を考えるためには、それぞれの専攻の授業内容に関わる専門性が不可欠だからである。

　障害学生の入学が決まったら、学生と保護者を囲んで、クラス担任、外国語センター、体育センター、障害学生支援センター、関係事務局など、障害学生の教育に直接関わる人たちが一堂に集まって、入学後の授業や学生生活の支援について相談することも大切である。この相談会をもとに、当該学部、学科の教員や、クラスメイトに障害について理解してもらうために配布する文書を作成する。

## ❹ 学生参加による支援体制

　障害学生にとって最も身近な存在は友人であり、大学生活を送る上で、周りの学生による支援は重要である。

　一般学生の多くは、障害のある友達を応援したい、困っていたら助けてあげたいという気持ちを持っている。しかし、ほとんどの学生は、これまでに障害学生と共に学んだ経験がないため、どのように障害学生と接したらよいのか自信がない状態である。

　一般学生が障害学生と共に学ぶ経験を真に有意義なものとするためには、大

学による指導が必要である。その指導には、第一に、全学の学生に対する啓発活動、第二に、障害学生のまわりにいる学生に対する指導、第三に、積極的に支援活動に関わる人材の育成とフォローアップという三つの段階がある。

　第一の段階として、全学の学生に対する啓発活動としては、パンフレットなどの配布、障害学生との共存に関わる授業の実施等がある。パンフレットには、障害学生に関する大学の支援体制や相談窓口の紹介とともに、「視覚障害学生に声をかけたいのですが、どうすればよいですか？」、「聴覚障害学生には大きな声で話せばよいのですか？」、「運動障害学生にはどのようなお手伝いをしたらよいですか？」、「発達障害のある学生はどんなことで困っているのですか？」など、初めて障害学生と接する人からのよくある質問とその回答を掲載して、大学内の学生の共通理解を図る。

　第二の段階として、障害学生のクラスメイトや授業を一緒に受ける学生の理解を高める指導においては、できれば障害学生自身による自己紹介の機会を作り、どのような支援をお願いしたいか、どのように接してほしいかを周りの学生や教員に直接話して理解を求めることが最も効果的である。その補助資料として「紹介プリント」を作成することも効果的である。クラスメイトや授業を一緒に受ける友達、サークルの友達は、教室の移動、学食での手伝いなど、個々の支援内容はささやかなものであっても、障害学生の日常生活を支えるための大切な存在である。

　第三の段階は支援活動に関わる人材の育成とフォローアップである。大学の責任において、障害学生支援活動のオリエンテーションや支援技術講習会などを実施し、支援をしたいという学生の気持ちを実際の支援活動に結びつけることが必要である。

　専攻ごとの授業の支援においては、専門用語や実験・実習方法の理解などが支援者に求められるため、できる限り同じ専攻の、できれば先輩学生が支援に携わることが望ましい。その際、支援学生にとっても支援に関わることで授業の理解がさらに深まることが望ましい。このような、専攻する学問分野の専門性を生かした支援活動を充実するためには、さまざまな専攻分野に在籍する学生が支援活動に参加することが望ましい。

　障害学生が抱えている困難への支援は並大抵のエネルギーでできることではない。周りの学生たちが自発的にがんばっていると、支援活動がうまくいっているように見えるが、特定の支援学生に過度の負担がかかっていることもある。したがって、支援する学生の数を増やし研修の機会を保障することや、無理の

ない支援活動が続くようにするための適切な指導と監督等、大学による学生の活動への支援が不可欠である。

　学生は卒業によって常に入れ替わるため、大学は支援に関わる人材の育成とフォローアップを続ける必要がある。そのためには、人材育成プログラムを正規の教育計画の中に位置づけておくことが望ましい。せっかく育てた人材が一定年限で卒業してしまうことは、大学の支援体制の継続にとっては大きな課題である。しかし、共生社会の担い手を大学が育成し輩出し続けていることは、社会に対する大きな貢献であると言えるだろう。

## ⑤ 学外機関との連携

　障害学生の支援に当たっては事務関係者との協力も重要である。学務部や学生部、当該の学部・学科の事務局だけでなく、守衛、警備員、食堂の職員、あるいは学生宿舎の管理人等、常勤非常勤を問わず、学生に直接関わる人たちに障害のある学生の存在と具体的な支援について周知することが大切である。

　多くの障害学生は学外の支援組織やボランティアから支援を受けている。大学としては、障害学生個人が受けている支援に対しても感謝の気持ちを表明することが大切である。

　障害学生支援に関して連携すべき学外機関の例を以下に挙げる。

● 日本学生支援機構（ＪＡＳＳＯ）

　ＪＡＳＳＯが事務局となり、先進的な取組を行なっている「拠点校」と、障害者施策に係る専門的な研究機関などの「協力機関」と連携して、障害学生修学支援ネットワーク事業などのさまざまな事業を行っている。国は「障害者基本計画」の「重点施策実施５か年計画」において、障害学生支援についてはＪＡＳＳＯを中心に計画を進めることを明記していることから、全国的な連携の要となる機関である。なお、障害学生修学支援ネットワーク事業の「拠点校」は2011年現在、札幌学院大学、宮城教育大学、筑波大学、富山大学、日本福祉大学、同志社大学、関西学院大学、広島大学、福岡教育大学の９大学である。

● 特別支援学校

　特別支援学校は、視覚障害、聴覚障害、肢体不自由、病弱、知的障害などの障害のある児童生徒のニーズに応じた教育の場として、また、地域の特別支援教育のセンターとしての役割を果たしている。大学に入学した障害学生の高等学校（高等部）までの支援の実績を知るためにも、支援技術、支援機器などの資源の活用や情報交換のためにも連携が必要である。

### ● リハビリ施設

大学に在籍する障害学生の中には、中途障害のため治療やリハビリ中の者や、大学入学後に障害を負った者もいる。治療中の場合は医療機関との連携が必要であり、また、リハビリ施設とはリハビリ期間中のみならず、障害学生の学内環境整備に当たっても連携が必要である。

### ● 市町村障害福祉課、各地域の社会福祉協議会など

各地方自治体の障害者福祉やボランティア活動を統括している機関である。障害者手帳の申請や、福祉サービスの申請など、地域資源の活用に当たっての連携が重要である。聴覚障害者のためのノートテイク、パソコン要約筆記、手話通訳などの派遣をしている組織もある。

### ● ボランティア団体

視覚障害学生のための試験問題の点訳・墨訳や、教科書の点訳などを引き受けているボランティア団体、聴覚障害学生のための手話通訳者やパソコン要約筆記者の派遣を行っているボランティア団体、図書館ボランティア、運動障害学生の生活を支える地域の支援グループなど、学外のボランティア団体との連携なしには、大学の障害学生支援は成り立たないといっても過言ではない。

多くのボランティア団体は、障害学生の依頼に対しては実費でのサービスをする場合が多いが、大学が業務を委託する場合には一定の基準に基づき、有料サービスとなっていることが多い。

---

**キーワード**

支援の必要性、平等な成績評価、教育機関、障害学生支援センター（障害学生支援室）

---

**練習問題**

1．障害学生への支援の必要性と、平等な成績評価の大切さを関連させて説明しなさい。
2．障害学生支援における教員の役割、一般学生の役割を、具体的に説明しなさい。

## 第3節 ピア・チューター制度の めざすもの

### ❶ ボランティアのイメージの変遷

　最近では、大きな自然災害が起きるとさまざまな人が被災地にボランティアとして出かけることが多くなった。それらの人々は、自分の意志で、自分に可能な期間、現地にでかけて働いている。このようなボランティア活動のイメージは、現在では日本中に浸透しているが、このイメージは、阪神淡路大震災のときに生まれたといわれている。

　それ以前は、ボランティアという言葉には、献身や慈善といったイメージがつきまとい、経済的にも時間的にも余力がある人が行うものとされていた。したがって、学生がボランティア活動に参加しようとすると、親から「自分のこともできないくせに。まずは自分のことを先にしなさい。」と叱られることもあった。

　一方で、ボランティアは、社会的な問題の一時的な解決にすぎず、問題の本質を隠すだけの偽善だという議論もあった。たとえば、視覚障害学生の学習に必要な図書の点訳は国や大学が責任を持って行うべきもので、点訳ボランティアによる点訳では所詮間に合わない、それはむしろ、社会体制の遅れを隠す役割をしているだけだというような議論である。この問題について言えば、点字による入学試験の実施のようにかつては受益者負担が当然とされていたものを、今日では大学の責任で行うようになるなど、世の中は大きく変わったと言える。一方で、今もなお、視覚障害学生の学習は多くの点訳ボランティアによって支えられており、大学の責任によって行う試験の点訳においても、その実施においてはボランティアの点訳技術に依存しているという現実がある。

　このようなボランティアのイメージを大きく覆したのが、阪神淡路大震災の後、自然発生的に生まれたボランティアの活動であった。それまでのボランティアのイメージとはほど遠い茶髪の若者たちがオートバイに乗って駆けつけ、きびきびと活躍し、人々の意識を変えたと言われている。それ以来、誰もが気負わずに、自分のできるやり方で参加するボランティア活動というイメージが日本の社会に定着したと言える。

ボランティアという語を辞書で引くと、志願者、有志者、義勇兵等の意味がでてくる。いずれも、自分の意志で活動に参加することが基本であると言えるだろう。情報論・ネットワーク論の専門家である金子郁容は、ボランティアとは、「切実さをもって問題に関わり自らつながりをつけようと動くことによって、新しい価値を発見する人」（金子1992）と述べている。これらのことから、時代によるイメージの変遷を超えて、すくなくとも、ボランティアには、「自らの意志で行動する」という条件が必要であろう。

また、ボランティア活動を行った人が異口同音に語る、「困っている人を助けたいと思っていたが、助けられたのは自分だった。」「元気づけたいと思っていたが、自分が元気をもらった。」という言葉に代表される、助けるつもりが助けられる関係、お金では買えない関係性こそが、ボランティアの新しい価値であると言えるだろう。

ここで、ボランティアと謝金の関係についても整理しておきたい。従来は、ボランティアは他人のために見返りを求めず行動する人であると考えられていたので、ボランティアが謝金を受けとることは、その活動の純粋さを汚すことであると考える人も多かった。しかし、それでは、経済的なゆとりがない人はボランティア活動に参加することが難しくなってしまう。特に学生の場合は、交通費などの活動経費も侮れない出費であるし、アルバイトに追われてボランティア活動どころではない学生もいる。そのような場合に、一定の活動に対して一定額の謝金を支払う制度があることは、ボランティア活動に参加する人の裾野を広げることにつながる。もちろん、ボランティアは金銭のために活動しているわけではないし、金銭的な見返りの大きさによって活動内容や支援の対象を選ぶようなことはしない。同時に、ボランティアの活動は無償でなければならないという考え方にあてはまらない様々なボランティア活動があることもまた事実である。金銭だけが目的であるなら、多くの場合、ボランティア活動は割の合わない仕事である。世の中にはもっと効率のよいアルバイトがある。しかし、人がボランティア活動を行うのは、「他人の困難さに対して何か役に立ちたい」という気持があるからで、それこそがボランティアの本質である。謝金制度によって、ボランティア活動に参加できる人が増えることは、支援を受ける人にとってはありがたいことに違いない。

## ② ピア・チューター制度の意義

学生による障害学生支援活動は、友達として応援したい、困っていたら助け

てあげたいという自発的な気持に基づくボランティア活動を基本にしている。しかし、障害学生のニーズは多岐にわたり、ボランティア活動だけでは支援の量と質に限界があることも事実である。また、支援活動に意欲をもちながらも経済的な理由からアルバイトに時間を割かざるをえない学生もいる。そこで、大学が、学生の支援活動に一定の基準を設けて謝金を支払う制度を、多くの大学が導入するようになってきた。筑波大学の場合は、留学生のためのチューター制度を障害学生の支援にも準用することによる「学習補助者制度」を比較的早い時期から実施し、現在ではピア・チューター制度として運用している。

　大学では、試験の前や論文締めきり前など、誰もが忙しい時期がある。このような時期に、友達の親切心だけを頼りに支援を依頼することは、依頼する側にとっても依頼される側に取っても精神的な苦痛が大きくなりがちである。しかし、ピア・チューター制度があれば、誰もが忙しい繁忙期にもあらかじめ約束した支援者を確保できる。また、大学から謝金が支払われることで、質の高い支援を責任を持って実行してもらえる。このような理由から、ピア・チューター制度は、障害学生に喜ばれている制度である。

　また、ボランティア活動としてのやりがいとアルバイトが両立できる魅力は、支援学生の確保につながる。大学の責任で開催する支援技術講習会への出席を支援学生に義務づけたり、支援活動に従事した証明書を発行することなどにより、支援学生の意欲と技術の向上をさらに促すことができる。

## ③ 真に対等な関係をめざして

　もう一つ、障害者の福祉では究極の課題と言われている問題もある。それは、支援をしてもらう立場と、支援をしてあげる立場は、なかなか対等になりにくいという問題である。最初は障害のある人たちをかわいそうだと思って、何とかしてあげようというところから支援が始まるのが普通で、そのこと自体は悪いことではない。しかし、障害がある人が、障害のない人に一方的に世話になっているという関係にならない方が良い。そのためにも、ピア・チューター制度のように、一定の契約によって成り立つ関係に大きな存在意義がある。ボランティアとして無償で支援をしてくれる人に、支援を受ける側から支援の質について注文をつけたり苦情を言うことは難しいが、契約関係であれば正当な注文をつけることができる。さらに、大学院の学生などは、支援学生たちの個性をよく見極めて、得意分野を生かした支援を依頼している様子も見られる。

　ピア・チューターの研修会や支援技術講習会では、障害学生にも研修スタッ

フとして活躍してもらうことができる。障害学生が支援する側になることで、お互いの得意分野を認め合い、同時に、異なる立場への理解を深めることもできるだろう。さらに、学生たちがお互いに意見を交わし支援技術を研鑽することにより、障害学生・支援学生の区別なく支援チームとしての一体感と向上心が育ち、真に対等な関係が築かれていく様子がみられるようになる。

＜参考文献＞
金子郁容（1992）ボランティア　もうひとつの情報社会　岩波新書235

## キーワード

ボランティア　　ピア・サポート　　ピア・チューター

## 練習問題

1．ボランティアの要件とは何か説明しなさい。
2．ピア・チューター制度がボランティア活動の一つであると言える理由を説明しなさい。

# 第4節 学修に必要な生活支援とキャリア形成支援

## ① 学修に必要な生活支援

### 1．大学における生活とその支援

　大学の障害学生支援は学修の支援を主たる対象としており、規定上は生活支援を含んでいないことが多い。とはいえ、学修を継続するために不可欠な生活支援もあり、両者の境界があまり明確ではない部分もある。そのため、実際には支援の適用をその都度検討するなど、適宜対応する必要がある。また学生宿舎に関する事項や就職支援など、障害の有無にかかわらず大学として提供すべき支援については、学生部（学生生活課・就職課）との連携のもとに支援を実施することになる。さらにバリア解消の課題は、施設部とも協力しつつ対応することが必要であり、心身の健康については保健管理センターとの連携で取り組まれている。このようにみると、障害学生の自宅における家事援助や身体介護などの生活支援をカバーするものではないにせよ、障害学生支援センター（障害学生支援室）では他組織との連携のもとに、生活上のさまざまな課題にも関わっているといえる。障害の種類や程度にもよるが、障害のある学生のニーズのうち、学修の支援は特定場面に限定したニーズであり、より多くの部分を生活支援が占めている場合もある。

　ではどのような生活支援を行っているだろうか。以下に、大学の学修に必要とされる支援、提供されている支援を整理する。また、具体的な取り組みについては、第二部で紹介する。

### 2．生活支援の対象

　上述のように、生活支援とそうでないものを分けることは難しい。そこで、周辺領域も含めて大学環境において学習・研究を安定的に継続するために必要とされ、かつ学修に直接的に関わらない領域を、ここでは大きく生活支援と呼ぶこととする。すると、大学において必要とされる生活上のニーズとその支援は多岐にわたるとは言え、次のように整理することができるだろう。

ａ）キャンパスで過ごす時間・空間内に生じるニーズに対応する支援。
飲食、静養、排泄、体調管理などがこれに当たる。

ｂ）キャンパスと自宅（宿舎・アパート）間の移動に関わる支援。

ｃ）キャンパスでの学習・研究活動をより円滑に続けるために必要な支援。
施設や制度・サービス、情報に対するアクセスの支援、保険などを含む。

ｄ）その他


　学修上の支援と生活の支援を明確に線引きすることは困難な場合もあるが、大まかに整理すればこのように考えられる。また生活の支援には、障害の有無にかかわらず学生に提供される生活上の支援に障害者からの視点と配慮事項が加わったものと、障害学生が特有に持つ困難とニーズに基づく支援がある。例えば就職支援は全ての学生に対して行われる支援活動である。各種情報提供なども同じだろう。しかしこれらの支援を適切に受けるためには、一定の配慮が必要である。また障害があることによって就職活動の手順や将来に対するビジョンが描きにくい現状にあっては、より積極的に障害学生対象の就職支援企画を設ける必要があるだろう。さらに、食事などは多くの人にとって何でもない作業だが、障害学生には一定の環境整備が必要となる。排泄や体調管理のニーズは、障害を具体的に想定して対応していく必要がある。


　生活支援の範囲は多岐に渡るため、どこまでを大学の学生支援として行うかは、大学によって差違がある。筑波大学では学修支援を主たる対象としつつ、個別の判断により生活支援を行っている。その際に、多くの学生・教職員の関わり合いによりカバーしていく場合と、ピア・チューターを配置して支援する場合がある。学修支援における情報保障などはピア・チューターが多く取り組む部分であるが、学生生活の支援は、クラスメイトや周囲の教職員により行う支援と、ピア・チューターの派遣を組み合わせることが多い。

　たとえば、ある運動障害の学生（車いす利用）は、食事はだいたい自分でできるものの皿やプレートを運ぶことができないが、同じ授業をとる仲間がともに食事をとることで自然と支援が行われている。排泄の支援については周囲の学生で対応できるときとできないときがあるため、障害学生支援室のスタッフに支援依頼することもあり、両者を組み合わせて対応している。

　なお、この際にキャンパス内で、行政の提供する生活支援サービスを継続的に使い続けることは容易ではない。障害者自立支援法における移動支援は、通

勤・通学などの定期的な利用には使えないとされている。また居宅介護につい
ても認める例を聞かず、適用されたとしても、例えば週に2回各2時間といっ
た短時間の固定的な使い方では、大学生活をカバーする支援にはなりにくい。
かといって全額自費で必要なサービス料を賄うことも困難である。ただしまっ
たく不可能だとも言えない。現に、重度の障害があり摂食、排泄等が全介助で
ある障害学生が、近隣の訪問看護ステーションを利用して学生生活を継続する
例も他の大学では報告されている（障害学生支援についての教職員研修プログ
ラム開発事業検討委員会，2009）。

　キャンパス内の時間・空間内には含まれないものの、大学での学修・研究を
継続する際に必要となる支援についてはどうだろうか。課題レポートの作成や
卒論・修論・博論執筆に必要な資料整理、データ整理の補助などを宿舎・学外
で行う場合については、学修上の支援制度の適用が検討されて良いだろう。た
だしそこで食事を作るとか排泄・入浴支援をする場合などについては、大学の
規定する支援範囲には馴染まない。先ずは障害者自立支援法などの行政サービ
スが提供するホームヘルプなどを積極的に利用し、生活を構築することを助言
している。当然大学に出てきてから親に頼らない生活を始める不安はあるため、
安定した生活へと進めるために学生スタッフを初めとした新入生対応チームは
様々な支援を行うが、それらは初期導入として取り組まれることが多い。

　なお、学生グループなどが任意に宿舎・アパートでの支援活動を行ったり学
外に支援組織を作って活動するなど、大学の支援制度の枠外で行う支援活動に
ついては、本稿で言及する大学の責任による支援範囲の規定とは全く異なるも
のと考える。その場合は、障害学生はいわゆる障害者自立支援法に定めるサー
ビスを市町村に申請し、学内外の支援団体の活動を生活形成に利用することに
なる。

　以上のように大学における生活支援を整理してきたが、実際にはここに記載
しきれないほど多くの人が関わりながら、障害学生の生活を支援している。本
書の範囲を越えるため言及しないが、障害学生は、それぞれ苦労はありながら
も自らの生活を形成し、学生としての学修と研究に取り組んでいるのである。

## ❷ キャリア形成と就職支援

### 1．端緒についたばかりの就職支援

　日本学生支援機構（JASSO）の「平成22年度（2010年度）障害のある学生
の修学支援に関する実態調査」によれば、平成22年5月1日現在の大学・大学院・

短大・高等専門学校に在籍する障害学生は8,810人であり、近年増加傾向にある。いっぽう平成21年度の卒業生は1,180人であり前年度（990人）よりも増えている。しかし全卒業生のうち就職した者は548人（46.8%）で、前年度（541人、54.6%）よりも数としては増えたが就職者の占める率は減少している。新卒者の就職困難が言われている現状にあって、障害学生も例外ではなく厳しいが、まったく閉ざされているわけでもない。たとえば、筑波大学の場合、障害学生に対する求人票や大学への人事担当者訪問は増えている。これには、厚生労働省や高齢・障害者雇用支援機構（JEED）による雇用促進の努力ならびに障害者雇用促進法に基づく障害者雇用率の達成という促進策が関与しているのはもちろんだが、企業の社会的責任（Corporate Social Responsibility；CSR）の認識の拡大や、少なくとも旧来からの身体障害者に対する理解の促進が基底にあるとも言える。ただし、身体障害に対して、発達障害や精神障害、高次脳機能障害についての企業側の理解は極めて不十分である現状に対する問題意識を忘れてはならない。

　中嶋（2011）が指摘するように、他の生活支援に比べ、大学等における障害学生に対する就職支援は、まだこれからといった段階にある。障害者対象の合同就職面接会の類は定期的に行われているが、まだ大学生等の利用は多くないと言われている。これは、昨今やっと大学等への障害学生の入学が多くなりつつあり、入学試験から在学時の学生支援に注目が集まり始めてきた段階であって、その先の就職支援にまで意識が届いていなかったと考えられる。実際、企業の人事担当者の話では、多くの大学等では障害学生の就職支援について適当な窓口を持たず、また担当者が学内の障害学生について把握をしていないため、その年の就職活動対象者についても説明できないような状況が良く見られるとのことである。すなわち、社会には障害学生を求める企業や地方公共団体等の組織があり、大学等はそれに応えるだけの有為な人材（障害学生）を提供しうるにもかかわらず、未だ両者は適切に出会えていない現状であると言える。

## 2. 自己理解と情報収集、コミュニケーション力の向上

　障害学生が進路を選択するに当たって心配する点のひとつとして、自分の障害が就職先で理解、配慮されるのかがある。これは重要なことであり、必要な配慮事項を相手に明確に求める必要がある。しかし一方で人事担当者が等しく求めるのは、この学生はどのような人なのか、会社にどのように貢献できるかであり、またそれらを明瞭に伝えるとともに上司・同僚と円滑にやりとりでき

るコミュニケーション能力である。そのためには、キャリアガイダンス等を通じて自己理解を深め、企業研究を進めていく必要があるだろう（中嶋、2011；泉、2011）。

　高次脳機能障害のある学生の事例を紹介する。彼は、まだ一般には馴染みが薄い自分の障害について簡潔にわかりやすい資料を自ら作成し、それを携えて積極的に自己アピールする工夫を凝らした結果、100社以上の企業面接の後に就職を果たすことができている。また大石（2011）は、身体障害学生に対する調査研究により、進路形成を行う際に、障害学生の具体的な就職体験など多くの情報を得る環境を提供することにより、進路選択に対する自己効力を高めることの重要性を示唆した。現在も学生に対してはメーリングリスト等を通じ、求人情報や就職支援講座、合同面接会などの案内を提供しているが、今後はさらに就職課への就職相談体験を設けるなどの機会提供を通じ、支援の効果を上げる努力が必要だろう。

＜参考文献＞
泉雅子：民間企業における障がい者の就職状況について．文部科学教育通信，260，
26-27，2011.
泉雅子：シリーズ大学訪問「筑波大学」．サーナ，46，16，2011.
大石甲：身体障害のある大学生の進路選択と就職活動－社会的認知理論からの検討－．筑波大学大学院人間総合科学研究科障害科学専攻博士前期課程平成22年度修士論文．2011，未公刊．
中嶋靖雄：障害学生の就職支援．文部科学教育通信，259，26-27，2011.
日本学生支援機構学生生活部特別支援課：平成22 度（2010 年度）大学、短期大学及び高等専門学校における障害のある学生の修学支援に関する実態調査結果報告書．日本学生支援機構，2011.
障害学生支援についての教職員研修プログラム開発事業検討委員会：障害学生修学支援事例集．日本学生支援機構，2009.

## キーワード

生活支援の対象と範囲、就職支援、自己理解、コミュニケーション能力

## 練習問題

・特定の障害学生を想定し、その学生のキャンパス生活を具体的に思い浮かべよう。どのような生活上の困難とニーズがあるだろうか。またそれらはどのような支援により解決されるか考えてみよう。
・大学の就職課などにある求人情報、あるいは雑誌やインターネットを通じて、障害者向けの就職情報を調べてみよう。企業はどのような点に関心があるだろうか。またどのような配慮をしているだろうか。

# 第一部
# 障害学生支援の理論と実際

# 第2章　障害別支援

## 第1節 視覚障害学生の支援

### ❶ 視覚障害とは

「視覚障害」とは、視覚器の健康状態の変化（病気、変調、傷害など）に伴う、①眼鏡などの光学的矯正によっても回復不可能で永続的な視機能（視力、視野、眼球運動など）の障害があり、②文字処理や歩行、コミュニケーション、身辺処理などの活動に制限がある状態や、③大学進学や就職など、大学生活や社会生活における参加に制約がある状態の総称である。なお、これらの状態は視覚障害学生自身の障害への適応の状況（個人因子）や、視覚障害学生を取り巻く環境の状況（環境因子）などの背景因子によって変化する。

身体障害者福祉法では障害の程度により6段階（1級から6級）に分けられている（**表**）。2004（平成14）年に改正された「就学基準及び就学手続き」に関する「学校教育法施行令」では、「盲者」とは「両眼の視力がおおむね0.3未満のもの又は視力以外の視機能障害が高度のもののうち、拡大鏡等の使用によっても通常の文字、図形等の視覚による認識が不可能又は著しく困難な程度の

| 1級 | 両眼の視力（万国式視力表によって測ったものをいい、屈折異常のある者については、矯正視力について測ったものをいう。以下同じ）の和が0.01以下のもの |
|---|---|
| 2級 | 1　両眼の視力の和が0.02以上0.04以下のもの<br>2　両眼の視野がそれぞれ10度以内でかつ両眼による視野について視能率による損失率が95%以上のもの |
| 3級 | 1　両眼の視力の和が0.05以上0.08以下のもの<br>2　両眼の視野がそれぞれ10度以内でかつ両眼による視野について視能率による損失率が90%以上のもの |
| 4級 | 1　両眼の視力の和が0.09以上0.12以下のもの<br>2　両眼の視野がそれぞれ10度以内のもの |
| 5級 | 1　両眼の視力の和が0.13以上0.2以下のもの<br>2　両眼による視野の2分1以上が欠けているもの |
| 6級 | 一眼の視力が0.02以下、他眼の視力が0.6以下のもので、両眼の視力の和が0.2を超えるもの |

注）同一の等級について2つの重複する障害がある場合は、1級うえの級とする。

**表　身体障害者障害程度等級表（視覚障害）**

もの」（視力の測定は、万国式試視力表によるものとし、屈折異常があるものについては、矯正視力によって測定する。）と定義されている。

視覚障害の原因は、社会的環境の変化や治療医学の進歩、衛生思想の普及によって著しく変化した。旧来、視覚障害原因の主体であった感染症や栄養障害などが激減した一方、先天素因や外傷、糖尿病などの全身病、原因不明による視覚障害の割合が増加している。大学における視覚障害学生の原因疾患としては網膜色素変性、視神経萎縮、未熟児網膜症、緑内障、網膜芽細胞腫、糖尿病網膜症などが多い。

視覚障害は、盲と弱視に分類される。盲は読み書きに点字を用い、単独歩行には白杖や盲導犬を使用する。生活上、触覚や聴覚などの視覚以外の感覚を用いる状態である。一方、弱視は見えにくさによって新聞を読むことに困難がある状態で、活字文字を用いた読み書きが可能であるが、文字の拡大や拡大鏡の利用などが必要な状態である。なお、歩行の際には白杖を用いないことが多く、見た目では弱視のあることがわからないことも多い。

弱視学生は一人ひとり見え方が異なる。弱視の見え方を分類すると、①ピントが合わずに、ぼやけて見えるピンボケ状態、②曇りガラスから見るような混濁状態、③まぶしくて目があけられない暗幕不良状態、④明るさが足らずよく見えない照明不良状態、⑤目が揺れてしまって視線が定まらない振とう状態、⑥視線を向けたところが見えない中心暗点状態、⑦見える範囲が狭い視野狭窄状態などがある。これらの見え方が単独で存在する場合とともに、いくつかの見え方が重なっている場合も多い。さらに、環境の状態によって見え方に変化が起こる場合もある。例えば、昼間明るい場所では特に支援の必要が無くても、夕方や夜、暗くなると、見えづらさが増して読みや歩行が難しくなり、支援が必要になることがある。逆に、薄暗い部屋の中では支障なく本が読めても、明るい屋外ではまぶしすぎて物が見えないこともある。弱視学生の支援に当たり、一人ひとりが必要としている支援内容を随時確認することが大切である。

## ❷ 視覚障害学生のニーズ

大学等における視覚障害学生は、障害のあるすべての学生の中でおよそ１割を占める。空間情報について、視覚を介して入手することが難しい視覚障害学生は、とくに、活字文字や図形などを認識して対処すること(文字・図形処理)、安全に効率よく移動すること（歩行）、日常生活上のやり取りをスムーズに行うこと（コミュニケーション）に制約を伴うことが多い。換言すれば、これら

が視覚障害学生のもつニーズであるといえよう。ここでは、盲学生と弱視学生別にそのニーズの概略を示す。

1．盲学生のニーズ
(1) 文字・図形処理

視覚を活用できない場合、活字文字の代わりに点字が利用される。**図1**は日本点字の50音である。このほか、外国語、数学記号、理科記号、楽譜なども点字による表記がある。点字は、点字盤と点筆を用いて点字紙に書かれるほか、点字タイプライターや点字ディスプレイ、点字携帯端末などで利用されている（**写真1**）。

図表やグラフ、地図などの図形も、点字と同じような凸表示や、立体コピーやコンピュータなどを用いた触覚的表現が可能である。大学生活では、教科書のほか、講義資料や試験の点訳やテキストデータの提供、触覚資料の提供が必要となる。

なお、このほか、対面朗読サービスによる文字・図形情報の理解も広く行われている。

図1　点字による50音表

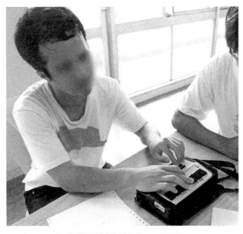

写真1　点字携帯情報端末の利用

(2) 歩行

盲学生の歩行といえば、白杖歩行が一般的である。このほか、晴眼者による介助歩行や、盲導犬歩行も利用されている。また、歩行用の設備として視覚障害者誘導用ブロック（点字ブロック）がある。点字ブロックはその有効性が確認されていることから、大学キャンパスへの敷設も望まれる。なお、点字ブロック上への駐輪・駐車は、盲学生の歩行において危険を伴うため、絶対に避けるべきである。

### (3) コミュニケーション

　盲学生は自分に話しかけられているのかを視覚的に確かめることができないため、盲学生に話しかける時にはまず盲学生の名前を呼んでから、自分の名前を伝えるようにする。盲学生は、話しかけるタイミングや話す内容、声の大きさなどを周囲の状況に合わせて調整することが難しい場合もある。そこで、周囲にいる学生が積極的に盲学生に話しかけ、会話のきっかけを提供したい。会話中は、目が見えないことを気遣うあまり、話題が制限されがちになるが、色や風景、服装などのほか、テレビや映画のことも話題にしてかまわない。また、手で触れられるものは積極的に触らせて確かめたり、触ることができないものや遠くにあるものについては言葉でわかりやすく説明することが役に立つ。

## 2．弱視学生のニーズ
### (1) 文字・図形処理

　弱視学生は見えにくさがあるため、文字や図形の拡大が必要である。拡大教科書や拡大教材の提供、弱視レンズ、拡大読書器、ビデオカメラ、デジタルカメラ、コンピュータ（**写真2**）の利用などが有効となる。拡大教材の作成に際して、単純な拡大ではなく、地図や図表の単純化やノイズの除去、図と地のコントラストの増強や白黒反転、色彩の強調や除去が効果的である。その他、明る過ぎたり、暗過ぎたりしないよう、照明の配慮も忘れてはならない。

写真2　コンピュータを用いた教材の拡大表示

　なお、前述の見え方のうち、①ピンボケ状態や⑥中心暗点状態では文字や図形の拡大を好む場合が多い。一方、⑦視野狭窄状態では、視覚対象をむしろ小さくする対応を好む。②混濁状態や③暗幕不良状態では、背景を黒くして文字や図形を白抜きとする対応が効果的である。

### (2) 歩行

　弱視学生がキャンパスを歩く際には、教室の表示が見づらい、掲示板が見えない、トイレの表示が見にくい、階段や段差につまずく、歩行者や障害物、自転車にぶつかる、人ごみで友人を見失う、すれ違っても挨拶ができない、待ち

合わせが難しいなどの困難がある。遠用弱視レンズの利用などの弱視学生自身による工夫や対応と同時に、表示文字の拡大や表示位置・色・コントラストの工夫、音声表示の併用、歩道と自転車道の分離など環境を整備することが有効である。

見え方との関連では、①ピンボケ状態や⑥中心暗点状態の場合、文字や図形の認識に大きな困難をもつ一方、歩行時の困難は少なく、歩行時には特別な支援を必要としないことも多い。一方、⑦視野狭窄状態では、歩行に大きな困難をもつことが多く、歩行時の支援が役立つ。とくに、夕方から夜間、周囲が暗くなると、昼間は見えていた中心部も見えにくくなることに留意が必要である。②混濁状態や③暗幕不良状態では、まぶしさを伴うことから、屋外歩行時にはサングラス等の着用が好まれる。

(3) コミュニケーション

弱視学生は、どのくらい見えるのか、どんな支援が必要なのかが一人ひとり異なっていることから、最初に遠慮なく尋ねてみることが重要である。弱視学生とのコミュニケーションにおいても、盲学生の項で記したような積極的な話し掛けや交流が役に立つ。

最後に、視覚障害学生の中には大学進学後に視力の低下や失明を経験している場合もある。そうした場合には、視覚を用いた生活から聴覚や触覚を用いた生活に変換するために、点字や白杖歩行、日常生活動作の獲得など、様々な学習が必要になる。それらの学習には時間を要することから、大学生活や将来に不安を覚え、心理的に不安定になっていることも多い。友人としてゆっくりと話を聴いたり、ニーズに即した支援を提供するほか、大学教員や職員への支援要請など、周囲の多くの人々と連携した支援が最も重要となる。

## ❸ 視覚障害学生支援の実際

ここでは、前節で紹介した視覚障害学生の支援ニーズ、すなわち①「文字・図形処理に関するニーズ」②「歩行に関するニーズ」③「コミュニケーションに関するニーズ」の内、①と②について、大学で実際に行われている支援と、教職員や一般学生に配慮してほしい基本的な事項について解説する。

### 1. 文字情報へのアクセス

(1) 電子データの提供

教科書、授業の配布資料（受講学生の発表資料を含む）、参考図書、試験問題、各種事務手続きの書類、掲示など、大学には文字情報があふれている。視覚障害学生は、弱視者を含め、支援なしでこれらの文字情報にアクセスすることは極めて困難である。

この問題を解決する最も有効な方法は、資料の作成者が視覚障害学生に電子データ[1]を提供することである。この方法は、多数の視覚障害学生から支持されており、最も有効かつ手軽な支援方法として多くの大学で実践されている。

教員や受講学生、事務職員などから電子データの提供を受けると、視覚障害学生はパソコンや支援機器を利用してそれらに自由にアクセスできる。盲学生は、パソコンの画面読み上げソフトで聞いたり、点字ディスプレイに表示される文字を読んだり、点字プリンタで印刷したりして利用する。また弱視学生は、パソコンの画面表示拡大ソフトを用いて、フォントや行間、背景色などを個々のニーズに合わせて調節して読んでいる。


(2)　ピア・チューターによる支援

とはいえ、書籍や新聞の切り抜きなど、オリジナルの電子データが入手困難な場合も多い。また視覚障害学生にとっては、文字情報の発信や検索にも難しさがある。そのような問題を解決するためには、支援者による学習の手助けが不可欠となる。筑波大学のピア・チューターが視覚障害学生に対して行っている支援活動には、以下のようなものがある。

①印刷物のテキストデータ化

スキャナとOCR（光学式文字認識）ソフトを用いて、テキストデータを作成する。一般向けに市販されている機材とソフトウェアで実施が可能なこと、特殊な技術を必要としないことなどの理由により、教職員や一般学生が容易に関われる支援方法と言える。筑波大学において、ピア・チューターが視覚障害学生のために行っている支援の中心は、このテキストデータ化である。ピア・チューターは、**図2**のような手順でテキストデータ化の作業を行う。

テキストデータ化にはある程度の時間がかかり、また支援者の人数も限られている。したがって、「全ての資料を」「完璧なテキストデータにする」のでは

---

1）この場合の「電子データ」とは、テキストデータが取り出せるものに限られる。印刷物をスキャンしてパソコンに取り込み、そのままpdfファイルにしたものは含まない。

なく、「より必要な部分から優先的に」、「データの正確さも用途に応じて臨機応変に」という方針で作業を進める。

なお、語学や理数系の教科書など厳密な点訳が必要な教材については、点字の表記法に精通した学外の専門点訳者に作成を依頼することが望ましい。

②対面朗読

対面朗読とは、書籍やプリント、事務書類などを支援者が声に出して読み上げる支援方法である。繰り返し読んだり、不必要なところを飛ばしたり、いくつもの資料を並べて読み比べるなど、視覚障害学生の要望を聞きながら進めていく。テキストデータ化がしにくい図表なども、対話しながら説明することによって、その内容をある程度理解できる場合が多い。

③レポート、プレゼンテーション資料などの作成補助

全盲学生も弱視学生も、パソコンを使って文章を書くことは一人でできる。ただし、漢字の誤変換を修正したり、教員や他の学生にとって見やすいレイアウトを整える作業などは、ピア・チューターの助けを借りて行う。

①依頼者との打ち合わせ
無駄のない効率的な作業のために、視覚障害学生と事前に打ち合わせを行う
e.g. 精度：内容がおおよそ分かる程度／厳密な校正／数字やアルファベットなどは特に正確なデータに etc.
必要な情報の範囲：図表／イラスト／注／原本のページ番号 etc.

②スキャン
スキャナを使って印刷物の情報を「絵」のデータとしてパソコンに取り込む
※できるだけノイズの少ない、鮮明な画像をパソコンに送る

③文字認識
OCRソフトを使って、「絵」のデータを「文字」のデータに変換する
※①の打ち合わせ内容を参考に、依頼者のニーズに合わせた校正を行う

④校正
OCRソフトが誤変換した文字を、原本と見比べながら手動で修正する

⑤視覚障害者の利用
視覚障害者自身で、読みやすいツールを使って利用する
e.g. 画面読み上げソフト　画面拡大表示　点字ディスプレイ　点字印刷

図2

第 2 章 障害別支援

④その他の支援

　この他にピア・チューターが行う支援活動としては、書類等の代筆、文献の検索や入手の補助、履修管理の補助などがある。


(3)　入学試験・学期末試験等における支援

　視覚障害学生も、基本的には障害のない学生と同じ問題に答え、課題をこなして入学試験に臨む。ただし、通常の問題用紙や答案用紙にアクセスすることができないため、いくつかの支援が必要となる。具体的には、点字や拡大文字による出題、点字解答、マークシートではなく選択番号を筆記する方式の解答（弱視の場合）などである。また、大学入試センター試験やその他の公的試験では、点字や拡大文字の読み書きの困難さを考慮して、試験時間の延長（点字は1.5倍、拡大文字は1.3倍）と、それに伴う別室受験が認められている。

　入学試験における点字問題の作成及び点字答案の普通文字への翻訳に当たっては、点字についての高い専門性、正確性、セキュリティの保持が求められる。それらの条件を満たす組織として、1991年に「全国高等学校長協会入試点訳事業部」が発足した。入試点訳事業部は、全国の大学からの依頼により、入学試験当日に各大学へ出向き、試験問題の点訳と回答の普通文字への翻訳を行っている。

　学期末試験や小テスト等においても、入試に準じた対応をとることが望ましい。ただし、試験の内容や分量などによっては、個々の授業担当者の配慮で十分に試験が行える場合も多い。出題者が問題文を電子データで提供し、視覚障害学生はパソコンでそれを読み、漢字・仮名混じり文で回答するという方法は、その一例である。


(4)　支援機器と学習室

　視覚障害学生が独力で文字情報にアクセスし、自立した学生生活を送るためには、いくつかの支援機器が必要となる。画面読み上げソフトや画面拡大表示ソフトがインストールされたパソコン、テキストデータ化に必要なスキャナとOCRソフト、点字プリンタ、拡大読書器、触図を作るための立体コピー機などがその代表的なものである。これらの機器類を配置し、視覚障害学生が自習をしたり支援を受けたりする場として、専用の学習室を設けている大学が増えている。

37

(5) その他の支援

写真3　据え置き型拡大読書器

ここでは、視覚障害学生の文字へのアクセスに関して、周囲の人たちに求めたい配慮事項を挙げてみる。

まず、授業担当教員の協力が特に重要である。板書の内容を読み上げる、「これ」「そこ」などの指示語を使わずに具体的な言葉で説明するなどの配慮があると、視覚障害学生は授業への参加がしやすくなる。

友だちとしてできる支援もたくさんある。例えば、出席表が回ってきたら代筆する、掲示板で休講の情報を見つけたら教える、一緒に食事に行った時にはメニューを読み上げるなど、ちょっとした心配りの一つ一つが大きな助けとなる。

2．移動に関する支援

(1) 手がかりとなるサイン

①点字ブロック

　視覚障害者誘導用ブロック（通称：点字ブロック）[2]は、視覚障害者の移動を助ける代表的なサインとして、屋内外のさまざまな場所に敷設されている。

　点字ブロックは、全盲の人が白杖や足の裏でその存在を確かめるだけでなく、弱視の人の歩行の手助けにもなっている。JIS規格では色は決まっていないが、弱視者の利用を考慮して、薄暗い場所でも目立ちやすい黄色のブロックを敷設するのが一般的である。ただし、敷設場所の地色によっては、黄色に限らず、地色とのコントラストの高いブロックを選ぶことが重要となる。

　近年、大学構内にも点字ブロックが増えている。ただし、視覚障害学生が通る全ての場所に敷設することは難しいため、危険な場所、広場やロータリーのように他の手がかりがない場所を優先して整備する。

　ところで、本来は安心して歩くた

写真4　他の手がかりがなく歩きにくい広場に点字ブロックを敷設した例

めのサインであるはずの点字ブロックが、逆に視覚障害者の歩行を妨げたり、危険を及ぼしたりする場合がある。周囲の人たちが自動車や自転車を点字ブロックの上に停めたり、障害物を置いたり、ブロックの上で立ち話をしたりといった行為がそれに当たる。障害のない学生からは、「点字ブロックのことを知らなかった」「存在には気づいていたが、そこまで重要なものだとは認識していなかった」といった声が多数聞かれる。そこで重要となるのが、周囲の人たちに点字ブロックの大切さを伝え、ブロックの上と周辺に障害物を置かないように働きかける活動である。筑波大学では年に数回、学生ボランティアの協力の下、点字ブロック上の駐輪禁止を呼びかけるキャンペーン活動を実施している。学生は毎年入れ替わるため、繰り返し、継続的に行なうことが重要と考えている。

②その他のサイン

　視覚障害学生が単独で移動する際の手がかりとなる目印は、点字ブロック以外にもいろいろある。例えば、教室番号を点字または拡大文字で表示することにより、視覚障害学生も一人で目的の教室を見つけることができる。また、エレベータの操作ボタンに点字をつけたり、到着階などを知らせる音声案内をつけることで、一人で自由に乗り降りができる。

　弱視学生のためのサインとしては、階段の縁の色を変える、ドアと壁の色を変えて境界を見やすく工夫するなどの配慮が有効である。


(2)　視覚障害学生の道案内

　全盲学生や重度の弱視学生は、白杖を使って、または盲導犬を同伴して一人で歩いている。特に通学路や、普段からよく使う教室間の移動については、上で述べた目印を利用して道順を覚え、練習を繰り返すことによって、自由に移動できるようになるケースが多い。

　しかし、初めて行く場所や手がかりの少ない場所、危険な場所等では、目の見える人のサポートが不可欠である。また、一人で歩くことには相当の神経を使うため、慣れた場所でも目の見える人と一緒に歩くことを好む人も多い。以下は、視覚障害学生の道案内をする際の方法である。

---

2）点字ブロックの形状等は、JIS規格（JIS T9251）で規定されており、線状ブロック（誘導ブロック）と点状ブロック（警告ブロック）の2種類がある。誘導ブロックは歩道や建物内の通路などに敷設され、歩く方向を示す。他方、警告ブロックは階段が始まる場所や横断歩道の手前、誘導ブロックの分岐点などに敷設され、注意を促す。

①声のかけ方

　道に迷って困っている様子の視覚障害者に出会ったら、まずは積極的に声をかける。視覚障害者にとって、適切なタイミングで自分から話しかけることは難しいため、周囲にいる人の方から会話のきっかけを作ることが重要である。「○○の授業で一緒の△△です。何かお手伝いしましょうか？」というように、積極的に声をかけてほしい。

②移動介助の方法

　視覚障害学生の要望を聞き、実際に移動介助をすることになった場合には、**図3**のような姿勢で案内する。

　介助者は、視覚障害学生の斜め半歩前に立ち、自分の肘の少し上あたりを軽くつかんでもらう。介助者のほうが背が低い場合には、肩に手を置いてもらう。階段の始まりと終わり、歩道と車道の段差などは丁寧に伝え、歩く速度は視覚障害者のペースに合わせる。

**図3　移動介助の基本姿勢**

(3)　その他の支援

　視覚障害学生にとって、普段と様子の違う場所（その日だけ大きなトラックが停まっている、工事で迂回が必要である等）を歩くことは非常に難しく、危険な事故にもつながりかねない。そのため、工事の実施や施設・設備の配置変更等については、大学側から視覚障害学生へ事前にその旨を通知する配慮が有効である。

　また、「車が停まっているから気をつけて」「今日は工事中で危ないから一緒に行きましょう」「私の隣の席が空いているからどうぞ」というように、たまたま近くにいる誰かが声をかけて視覚障害学生の移動をさりげなくサポートすることが、とても大きな支援となる。

＜参考文献＞
鳥山由子・青松利明・青柳まゆみ・石井裕志：視覚障害学生サポートガイドブック，日本医療企画，2005

### キーワード

視覚障害、盲、弱視、点字、歩行、コミュニケーション
テキストデータ化　対面朗読　点字ブロック

### 練 習 問 題

(1) 視覚障害を持って入学してくる大学生の就学上のニーズとして、考えられるものを挙げなさい。
(2) 印刷物のテキストデータ化の意義と、その手順について説明しなさい。
(3) 視覚障害学生の移動介助の方法について説明しなさい。

## 第2節　聴覚障害学生の支援

### ❶ 聴覚障害とは

#### 1．聴力検査

　聴覚障害の有無や程度を判定するのに最も一般的で基本的な検査に、純音聴力検査がある。この検査では、オージオメータを使って、純音の周波数（ヘルツ，Hz）と強さ（デシベル，dB）を調節して被検査者に聞かせ、被検査者の応答や反応によって聞こえの最小可聴閾値を測定する。各周波数の最小可聴閾値を記してグラフにしたものをオージオグラムという。純音聴力検査で得られた結果は、聴力レベルとして、聴覚障害の程度を表す際に用いられる。

　他覚的な聴力検査には、聴性脳幹反応検査（ABR）がある。これは脳波を利用した検査で、クリック音等の音刺激に対しての反応波形を指標として、聴覚障害の有無の診断に用いられている。反応波形は、Ⅰ波が蝸牛神経、Ⅱ波が蝸牛神経核、Ⅲ波が上オリーブ核、Ⅳ波が外側毛帯核、Ⅴ波は下丘に対応していると考えられている。聴性脳幹反応検査は、新生児の聴覚スクリーニング検査にも応用され使われている。

#### 2．聴覚障害の程度

　聴覚障害の程度について、ＷＨＯ（世界保健機関）では、**表1**のように分類している。聴力レベルが26～40dBは、普通の大きさの会話が聞き取れ、軽度難聴と分類される。41～60dBは、大きな声での会話なら聞き取れるレベルで、中等度難聴。61～80dBは、耳元で叫ばれるといくつかの言葉が聞き取れる程度で、高度難聴。聴力レベルが81dB以上になると、叫び声でも聞き取れず、重度難聴（聾を含む）と分類される。聴力レベルの数値が大きくなるほど、軽度から重度になるほど、音声を聞き取ることが難しくなるといえる。したがって聴力レベルや聞こえの状態に応じて、補聴器や人工内耳といった補聴機器の使用、読話や手話、筆記等の手段によりコミュニケーションが図られる。また実際の生活の中での聞こえの状態や聞こえにくさは、聴力レベルだけでは判断できない。聴覚障害の部位や音を聞き取る環境等によっても異なってくる。な

## 表1　聴覚障害の程度

| Grade of impairment | Corresponding audiometric ISO value | Performance | Recommendations |
|---|---|---|---|
| 0 – No impairment | 25 dB or better (better ear) | No or very slight hearing problems. Able to hear whispers. | |
| 1 – Slight impairment | 26–40 dB (better ear) | Able to hear and repeat words spoken in normal voice at 1 metre. | Counselling. Hearing aids may be needed. |
| 2 – Moderate impairment | 41–60 dB (better ear) | Able to hear and repeat words spoken in raised voice at 1 metre. | Hearing aids usually recommended. |
| 3 – Severe impairment | 61–80 dB (better ear) | Able to hear some words when shouted into better ear. | Hearing aids needed. If no hearing aids available, lip-reading and signing should be taught. |
| 4 – Profound impairment including deafness | 81 dB or greater (better ear) | Unable to hear and understand even a shouted voice. | Hearing aids may help understanding words. Additional rehabilitation needed. Lip-reading and sometimes signing essential. |

Grades 2, 3 and 4 are classified as **disabling hearing impairment**.

The audiometric ISO values are averages of values at 500, 1000, 2000, 4000 Hz.

お、大学等における支援の根拠となる障害の基準については第三部第2節に示す。

### 3．聞こえのしくみ

音を聞くためには、外耳・中耳・内耳（**図1**）、聴覚伝導路（**図2**）が確かに機能する必要がある。そのいずれかに生じる障害は、難聴の原因になり得る。

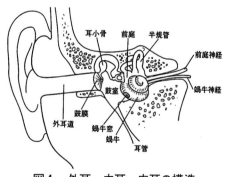

**図1　外耳・中耳・内耳の構造**

#### (1) 外耳

外耳は耳介と外耳道からなる。耳介から入った音は、長さ約35mmの外耳道を通って鼓膜に到達する。鼓膜は、ほぼ円い形をした厚さ0.1mmの膜で、空気振動である音を中耳の耳小骨に伝える。

#### (2) 中耳

中耳にはツチ骨、キヌタ骨、アブミ骨という連なった三つの小さな骨がある。

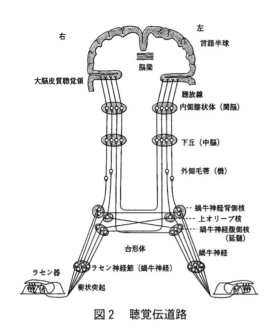

図2　聴覚伝道路

この三つの骨をまとめて耳小骨とよぶ。ツチ骨は鼓膜に付着しており、鼓膜の振動をキヌタ骨、アブミ骨に伝え、アブミ骨は内耳の蝸牛につながっている。中耳には、音圧増強の効果があり、音が増幅されて内耳に伝わるようになっている。これは、鼓膜とアブミ骨底との面積比や耳小骨におけるてこの作用によるもので、約28dBの音圧増強効果があるとされている。中耳には他に、上咽頭と鼓室をつなぐ耳管がある。耳管は、通常は閉じているが、つばを飲み込んだり、あくびをしたときには開放され、外耳道と鼓室の気圧を同じに保つ働きをしている。耳管に障害が起こると、気圧を調整できなくなり、鼓膜の働きは悪くなる。鼓膜や耳小骨の機能低下や損傷は、難聴の原因になることがある。

(3)　内耳

　鼓膜、耳小骨を通して伝えられた音としての振動は、内耳の蝸牛において電気信号に変換される。蝸牛は、リンパ液で満たされた渦巻き状の管である。蝸牛の中は、前庭階、鼓室階、蝸牛管の三つに分かれており、蝸牛管には感覚細胞である有毛細胞が存在する。耳小骨の振動が蝸牛の中のリンパ液に伝わると、それが感覚細胞である有毛細胞を揺らし、電気信号へと変換される。その電気信号は、蝸牛の有毛細胞から聴神経に伝達される。外耳・中耳は、音の物理的振動を伝えているが、内耳は、物理的振動を電気的な信号に変換する役割を持っている。また蝸牛には音の周波数弁別機能もあるとされ、アブミ骨に近いほうが高い音、遠いほうが低い音に対応している。何らかの原因で蝸牛が障害を受けたり、有毛細胞が損傷されて機能しなくなると難聴になる。内耳には、蝸牛の他に半規管があり、これは平衡感覚を担っている。

(4)　聴覚伝導路

　内耳において電気信号に変換された音は、聴神経を通してさらに大脳皮質へと送られる。蝸牛から大脳皮質に至るまでの伝導路を聴覚伝導路とよぶ。音の情報が大脳皮質へ届くまでには、いくつかの中継所を経由する。蝸牛神経核、

上オリーブ核、外側毛帯核、下丘、内側膝状帯である。これらの中継所を経ることによって、音がさらに細かく分析されたり、音の情報が強化されたりする。大脳皮質では、それらの音の情報が統合・再合成され、音の認知が行われる。

### 4．障害の部位

聴覚障害は、障害の部位によって、伝音難聴、感音難聴、混合性難聴の三つに分けられる。伝音難聴とは、外耳、中耳の障害による難聴をいう。外耳道狭窄、鼓膜や耳管の障害、鼓室の疾患等、伝音系に障害がある場合に起こる難聴で、手術や投薬等の医学的措置によって改善することも多い。伝音難聴の場合、比較的難聴の程度は軽く、聴力レベルでは60dBくらいまでといわれている。伝音難聴では、音が小さく聞こえるので、大きな声で話しかけたり、程度によっては音を増幅して聞くことができる機器等を利用すると有効である。

感音難聴は、内耳から大脳皮質に至るまでの感音系に障害がある場合に起こる難聴である。蝸牛の損傷、聴神経の疾患等によって生じる難聴をいう。出産時の異常、薬剤の影響等が原因になるが、原因は不明のことも多い。感音難聴による聴力低下の程度は様々であるが、比較的重くなることが多い。感音難聴では、音が小さく聞こえるだけでなく、音が歪んで聞こえることも多く、聞こえの状態は様々である。感音難聴は、発症の時期によって先天性難聴と後天性難聴に分ける場合がある。先天性難聴には遺伝性によるものがある。後天性難聴には、騒音性や老人性、突発性の難聴がある。混合性難聴は、伝音系と感音系の両方の障害による難聴をいう。

### 5．補聴器と人工内耳

補聴器は、マイクロホンに入力された音を増幅してイヤホン（イヤモールド）から外耳道、中耳へと音を送る機器である。主に、電源部、マイクロホン、アンプ（増幅部）、イヤホン（増幅した音を送り出すスピーカ）からなっている。現在では、雑音やハウリングを抑える機能をもったデジタル処理装置を内蔵する補聴器も使われている。補聴器の種類には、箱形、耳かけ形、挿耳形等があり、難聴の程度や聴取環境等に合わせて選択される。その他、話者がワイヤレスマイクをつけて話し、音声が電波として聞く側に送信されるFM補聴器がある。FM補聴器は、マイクロホンが音源に近いので、より雑音の少ない明瞭な音を増幅することができる。したがって離れたところで話者の話を聞くような場面、教室やホールでの授業や講義等で利用すると有効である。補聴器は、音

を増幅して聞くことのできる装置であるので、難聴の程度や聞こえの状態によっては有効な補聴手段である。しかし感音難聴の場合のように、音を増幅すれば明確に聞こえるとは限らない。

人工内耳は、音を増幅する補聴器とは異なり、内耳の蝸牛の中に聴神経を刺激する電極を入れて脳に音の信号を送る装置である。マイクロホンによって拾った音を体外装置であるサウンドプロセッサに送りデジタル信号に変換される。デジタル信号は蝸牛に埋め込まれた電極に送信され、この刺激が聴神経を経て脳で音として認識される。蝸牛の有毛細胞が損傷を受けると難聴になり、聞こえの程度が重くなって、補聴器の装用効果がほとんどみられないことがある。その場合、医学的条件や教育的環境等を考慮に入れて人工内耳を選択することも考えられる。重度の難聴であっても、人工内耳を装用することによって音が聞こえるようになったり、聞こえを取り戻したりすることができるようになるが、聴力の程度や聞こえ方には個人差があるとされている。

### 6．コミュニケーション手段

聴覚障害者のコミュニケーション手段について、厚生労働省の調査結果（平成18年）を表2に示す。聴覚障害者のコミュニケーション手段は、補聴器や人工内耳等の補聴

**表2　聴覚障害者のコミュニケーション手段（複数回答）**

単位：％

| | 補聴器や人工内耳等の補聴機器 | 筆談・要約筆記 | 読話 | 手話・手話通訳 | その他 | 不詳 |
|---|---|---|---|---|---|---|
| 総数<br>(1・2級) | 58.5<br>(45.3) | 24.3<br>(42.3) | 7.6<br>(19.0) | 15.2<br>(38.0) | 5.5<br>(5.8) | 24.3<br>(15.3) |

**資料**：厚生労働省「身体障害児・者実態調査」（平成18年）

機器（58.5％）、筆談・要約筆記（24.3％）、手話・手話通訳（15.2％）、読話（7.6％）となっている。補聴器や人工内耳等の補聴機器の使用が多いものの、筆談・要約筆記のように、話している内容を文字で要約した方法を利用している人もいる。手話・手話通訳を利用している人、話し手の口の動きなどから話を理解する読話を使用している人等、聴覚障害者にとってコミュニケーション手段は多様であることがわかる。コミュニケーション手段は、聴力の程度だけで決まるのではなく、コミュニケーション場面や話し相手、聴覚障害者のニーズ等によっても異なってくる。

## ② 聴覚障害学生のニーズ

聴覚障害学生の大学生活では、コミュニケーションはさまざま方法で行われ

ている。口の動きを読み取り、音声で会話する聴覚障害学生もいれば、手話を使って会話をしたり、時には筆談でコミュニケーションを行ったりする聴覚障害学生もいる。授業等で聴覚障害学生が必要としている情報支援は、個人のニーズによって異なるため、一律には決まらない場合が多い。

聴覚障害学生の講義における情報支援として、要約筆記、パソコン要約筆記、手話通訳などがある。また、残存聴力を活用できる学生は、補聴器、FM補聴器等の聴覚機器を利用する場合がある。講義で使用されるビデオ、DVD等の映像教材には、字幕つき映像や手話通訳による情報支援が考えられている。

このように多様なコミュニケーション方法に対応した情報支援が必要となる。聴覚障害学生が学生生活を送るためのニーズとして、多様な情報支援の充実、補聴機器による支援システムの拡充、聴覚障害に関する相談システムの確立が求められている。また、一般学生や教職員に対して、聴覚障害学生に関する聞こえの障害の困難な状況の理解とその対応方法、支援方法を啓発していくことも大切である。

一般的に聴覚障害者にとって、文字による表示がない施設、ループや補聴システムが整備されていない建物は利用しにくい。聴覚障害学生が、図書館を利用しているときや、宿舎で生活しているときに、火災、地震、事故が発生した場合に安全に対処できるよう、緊急通報装置の設備や文字表示電光掲示板の設置等の整備も必要である。事故や災害など緊急時の情報提供ネットワーク体制の整備も、重要な課題である。

## ❸ 聴覚障害学生支援の実際

### 1. 情報保障と情報支援

バリアフリーやユニバーサルデザインが常識となりつつある今日でも、聴覚障害者の情報獲得における困難さについては理解されにくい状況がある。それは、聴覚障害が周囲から見えにくい障害であるとともに、聴覚障害による情報のバリアを理解しにくいためである。聴覚障害者に対する「情報保障」とは、聴覚情報のバリアフリー化（音声情報の文字化、手話通訳、聴覚情報の明瞭・視覚化あるいは雑音除去等）により、聴覚障害者が聴覚情報を得る権利を保障することである。そしてこの（聴覚）情報保障を実現するための情報支援手段として、これから述べる様々な支援方法がある。本書では、権利保障という文脈においては「情報保障」を用い、通常行われている支援活動を指す場合には「情報支援」を用いることとする。

聴覚障害者の情報支援方法として、後に述べる要約筆記、パソコン要約筆記などの音声文字化支援が多く用いられるようになってきた。音声の文字化は、聞こえる人にとっても有益な支援である。例えば、あまりよく知らない場所を電車などで旅行している際に、アナウンスなどの音声のみでは駅名を聞き取りにくくても文字で表示されたものを見れば理解できたという経験は誰にでもあるだろう。このように情報支援の一つである音声の文字化は、聴覚障害者支援を超えたユニバーサルデザインへの可能性を秘めているものともいえる。

## 2．教員や周囲の学生による聴覚障害者理解と主体的支援

今日、多くの場所で聴覚障害者に対する情報支援（要約筆記、パソコン要約筆記、手話通訳）が行われるようになってきた。しかし、その一方で「聴覚障害者理解」を忘れがちになっていないだろうか。「聴覚障害者」というとテレビドラマなどでは全く聞こえない人、手話を使う人、音声で話すことができない人として演じられることが多く、そのイメージが固定化されているように思われる。しかし、聴覚障害者の中には、補聴器などを利用してある程度音声情報を聞き取ることができる者や、自ら音声を発し意志を伝達できる者も多く存在する。さらには、聴覚特別支援学校（聾学校）ではなく通常の学校で教育を受け、手話に接する機会が無かったために手話を知らない聴覚障害者も存在する。このように聴覚障害者といっても個人差があり、支援ニーズや支援方法がそれぞれで異なっている。したがって、聴覚障害者に対して適切な情報支援を行うためには、支援を利用する聴覚障害者一人一人を理解することが必要となる。

大学における聴覚障害学生支援において、もう一つ大事なことは、教員や周囲の学生による主体的な支援である。特殊な技術（要約筆記や手話通訳）を持つスペシャリストのみが支援を行うという考えや、支援者だけに委せておけばよいという考えでは、本当の意味で聴覚障害者が自立できる支援にはならない。なぜなら、学年が上がるにつれ、講義そのものの専門性が高くなり、たとえ支援者が支援技術を持っていても講義内容を理解できないために要約筆記や手話通訳が困難になるという限界があるからである。そのため、聴覚障害学生が在籍する専門領域の教員をはじめ上級生、同級生などの協力が必要不可欠となる。当該教育組織の教員や学生が主体的かつ積極的に聴覚障害学生支援に関わっていくことが、聴覚障害学生支援の成功の鍵であろう。また、手話ができなくても、筆談やジェスチャーなどを用いれば、聴覚障害学生と気軽にコミュニケー

ションできることを知っておくことも重要である。

　教員や一般学生ができる支援としては、講義で利用する資料などを可能な限り事前にメールなどで聴覚障害学生に提供する方法がある。教科書に基づいて進行していく高校までの授業と異なり、大学では定まった教科書がない場合が多い。事前の情報提供により、聴覚障害学生が講義内容を推測しやすくなるだけではなく、支援学生（要約筆記者など）も講義内容を聞き取りやすくなり、情報支援の正確さが高まるなど、多くのメリットがある。

　次に、講義中に教員ができる支援として、初出の専門用語などの板書が有効である。また、試験（実施日や実施方法）などの成績評価に直接関わるような重要な情報は、板書するあるいは印刷物で配布するとよい。さらに発話者近くの座席を優先的に使用できるようにすると、補聴器に入る音声情報も増え、読話（顔や口の動きから発話内容を読み取ること）もしやすくなる。また、なるべく大きめの声ではっきり話すことにより、聴覚障害学生のみならず、一般の学生や支援学生にも聞き取りやすくなる。討論場面では同時に複数の人が話さないように発言のルールを決めておくとよい。

　支援学生ではない隣席の学生ができる支援としては、講義中に使用している資料の箇所などを指さす、講義終了後、重要な情報をメモ書きで伝えるなどがある。聴覚障害学生の希望があれば、友人として講義ノートを貸すことも、講義内容の不足を補う上では役立つ。


## ３．情報支援システムとその方法

　聴覚障害者の情報支援方法としては、既に述べた要約筆記、パソコン要約筆記、手話通訳が代表的である。大学におけるこのような情報支援は、支援学生が空いている時間帯に行うという方法が多い。そして比較的効率的で無理のないシステムとして、以下のようなものがある。

### (1) 派遣ピア・チューターシステムによる支援

　派遣ピア・チューターシステムでは、以下にあげる三つの情報支援方法が中心となる。どの方法も講義中に行われるものである。また、このような情報支援を担当する支援学生は、支援技術養成講座などを受講して、最低限の知識や技術を身につけていることが望ましい。

### １）要約筆記

　要約筆記は、支援者が聴覚障害者の隣に座り、講義音声を要約し文字化する支援である。一人の要約筆記者では、文字化しきれない音声情報が多いため、

2名以上の支援者が役割を分担して行うことが望ましい。複数の支援者が担当することによって、筆記率が向上するのみでなく、支援者の疲労度も軽減できるという利点がある。また、要約筆記では、後述するパソコン要約筆記や手話通訳に比べ、数式や化学式などを筆記しやすい、配付資料に直接書き込めるなどといった特有の利点もある。しかし、音声文字化支援としては、パソコン要約筆記に比べると情報量はかなり少ない。そのため、最近ではパソコン要約筆記を利用したいという聴覚障害学生が増加している傾向にある（**図3**、**図4**）。

**図3　要約筆記（1人）**

**図4　要約筆記（2人）**

2）パソコン要約筆記

　パソコン要約筆記は、上述の要約筆記をパソコンのキーボード入力（タッチタイピング）によって行う方法である。より速く正確に音声を文字化することが可能であり、要約筆記に比べると情報量ははるかに多い。熟達した入力者が2人以上で連係入力方法を行えば、話し言葉全体の70%を超える音声の文字化が可能である。しかしデメリットとしては、要約筆記に比べ、数式や化学式などの記号を多用する入力には適さないことである。また、ノートパソコンなどの機材の運搬、設置する机や電源の確保が必要であり、講義形態によっては導入しにくい場面もある。

　以上の要約筆記やパソコン要約筆記は現在のところ、聴覚障害者の近くの席で行う隣席型支援であるため、支援を受ける聴覚障害学生が新しい友人を作りにくいなど、別次元でのデメリットも存在する。そのため無線で文字を伝送するなどの非隣席型パソコン要約筆記の導入も望まれ広まりつつあるが、通信機材に関する知識が必要になること、もしくは支援者のモチベーションが上がりにくいというデメリットも存在する（**図5**、**図6**）。

図5　パソコン要約筆記（1人）　　図6　パソコン要約筆記（2人）

3）手話通訳

　要約筆記やパソコン要約筆記においては、授業者の発話と文字情報とのタイムラグによる問題がある。一方、手話通訳では、音声情報を聞き取ってから手話に変換するまでのタイムラグが短いため、より即時性があり、討論場面などの即時性を求められる状況では有効な支援方法である。熟達した

図7　手話通訳

手話通訳者の場合は、発話全体の80％以上の情報を提示できるといわれている。しかし、手話通訳にも問題点がある。養成に時間とコストがかなりかかるため、手話通訳のできる学生の確保が難しく、聴覚障害学生のニーズに対応しきれない場合がある。また、手話通訳を利用した場合、聴覚障害学生自身がノートをとりにくいというデメリットもある。

　以上述べてきたように、どの支援方法にもそれぞれメリット、デメリットがあるため、情報支援の内容や授業形態・場面などに応じてそれぞれの方法を活用することが重要である（**図7**）。

4）派遣ピア・チューターシステムの運営

　派遣ピア・チューターシステムは、うまく機能すれば大学内での学生による情報支援としてかなり有効であるといえる。しかし、聴覚障害学生数が一定規模を超えると、派遣ピア・チューターの数も多く必要となり、それらの派遣コーディネートの業務も多くなる。また、派遣ピア・チューターの養成、要約筆記で利用する消耗品の発注、ノートパソコン等の物品管理やメンテナンスなど、ピア・チューターをチームとして運営する組織が必要となってくる。この派遣ピア・チューターシステムの運営については第二部で実例を紹介する。

(2) 専属ピア・チューターによる支援

　通常の情報支援が困難な講義科目として、外国語や理系科目などがある。ギ

リシャ語などある意味で一般的でない語学、物理学など内容の理解に困難を伴う理系分野、その他大学院の専門的な講義や討論場面などにおいて、専門知識の少ない派遣ピア・チューターによる支援には困難がつきまとう。このような大学特有の情報支援の問題は、先にも述べた当該教育組織の積極的な取り組み無しには解決できない。このような問題を解決するためには、当該教育組織の専門的知識を持つ上級生などが教育組織内で専属的に障害学生に対して支援を行う専属ピア・チューターの導入が有効であると考えられる。しかし実際のところ、この専属ピア・チューターを募集するにあたり、高いボランティア意識を要求すると支援者が集まりにくいという現実的問題がある。したがって、専属ピア・チューターのあり方、募集方法や支援方法についても今後検討していく必要がある。このように、専門性に合った支援方法を当該教育組織の教員や聴覚障害学生、周囲の学生と共に創出していくことが重要と思われる。

## 4．聴覚活用支援

　これまで述べてきた大学における聴覚障害学生支援は、近年全国の大学に広まりつつある。ただし、既に述べたとおり、聴覚活用の可能な聴覚障害学生も少なからず存在することも忘れてはならない。一般大学にあっては、聴覚活用についての専門的知識を持ち合わせている教職員は少ないため、聴能学（オージオロジー）的に十分な支援を行うことのできる大学はきわめて少数であると思われる。そのため、聴覚障害学生の聴覚活用支援のためには、専門機関（医療機関、補聴器販売店）と連携することが必要である。具体的な方法として、以下2点を挙げておく。

(1)　補聴器のフィッティング

　補聴器のフィッティングは、補聴器販売店で行われることが多い。適切に調整されていない場合には、聴覚活用がうまくできないばかりでなく聴力低下などの危険性もあるため、定期的に微調整することが重要である。聴力の低下を防ぐためには、医療機関（耳鼻科）などで相談することも重要である。また、聴覚障害者自身も自身の聴力や聞こえ方について理解し、補聴器について関心を持っておく必要がある。

(2)　FMシステムの活用

　聴覚障害者が補聴器を使用して聴覚活用を行う際に、雑音の問題があることは理解されにくい。補聴器は音声だけではなく雑音も増幅するため、S/N（信号/雑音）比が悪い状態では雑音の影響が大きくなり、効果がなくなってしま

第 2 章 障害別支援

う。そのため、雑音が少ない環境が望ましいが、聴覚活用に関する適切な知識と理解がないと、その協力が得られにくい。

　ところで、近年、マイクロホンの音声をFM電波で送信し、小型の受信機で受けとるFMシステムの性能が向上している。このFMシステムを用いることにより、雑音の多い場面でもS/N比が著しく改善され、聴覚活用の可能な聴覚障害者にとって、音声が非常に聞きとりやすくなる。FMシステム利用に関する事例をコラムにて紹介する。

文献
厚生労働省「平成18年身体障害児・者実態調査」2008
内閣府「平成22年度版障害者白書」2010
内閣府「平成17年度版障害者白書」2005
立木　孝「聴力検査の実際」改訂 2 版, 南山堂　2004
WHO:Grades of hearing impairment,2011
http://www.who.int/pbd/deafness/hearing_impairment_grades/en/index.html

＜参考文献＞
太田　晴康：パソコン要約筆記入門～「聞こえ」を支えるボランティア～, 人間社, 1998
斎藤　佐和・白澤　麻弓：聴覚障害学生サポートガイドブック～ともに学ぶための講義保障支援の進め方～, 日本医療企画, 2002
吉川　あゆみ、太田　晴康、広田　典子、白澤　麻弓：聴覚障害学生をサポートする大学ノートテイク入門, 人間社, 2001

## キーワード

デシベル、外耳・中耳・内耳、コミュニケーション手段、情報支援、要約筆記、手話通訳

## 練 習 問 題

1．聴覚障害の程度の分類について簡潔に説明しなさい。
2．聞こえのしくみと機能について説明しなさい。
3．聴覚障害学生とのコミュニケーションにおいて留意すべきことがらについて説明しなさい。
4．聴覚障害学生のための情報支援方法を 3 つ挙げ、それぞれの 長所、短所について説明しなさい。

第3節

# 運動障害学生の支援

## ❶ 運動障害とは

　「運動障害」とは、中枢神経や筋肉および骨・関節などが外傷や疾病などにより損傷を受け、長期にわたり、運動に不自由や制限が生じている状態を言い、機能的には筋力の低下、筋肉の余分な緊張、不随意な運動が見られることが多く、また四肢の欠損や変形に伴うもの少なくない。その四肢におけるそれらの障害の範囲や程度は多様であり、身体障害者福祉法では障害の程度により7段階（1級から7級）に分けられている（**図1**）。「運動障害」は法律用語等や特別支援教育の分野では「肢体不自由」と称されるものとほぼ同義である。2004（平成14）年に改正された「就学基準及び就学手続き」に関する「学校教育法施行令」では、「肢体不自由者」とは「肢体不自由の状態が補装具によっても歩行、筆記等日常生活における基本動作が不可能又は困難な程度のもの」、あるいは「肢体不自由の状態が前号に掲げる程度に達しないもののうち、常時の医学的観察指導を必要とする程度のもの」と定義されている。「肢体不自由」

| 等級 | 肢体不自由　上肢 |
|---|---|
| 1級 | 1. 両上肢の機能を全廃したもの |
| | 2. 両上肢を手関節以上で欠くもの |
| 2級 | 1. 両上肢の機能の著しい障害 |
| | 2. 両上肢のすべての指を欠くもの |
| | 3. 一上肢を上腕の2分の1以上で欠くもの |
| | 4. 一上肢の機能を全廃したもの |
| 3級 | 1. 両上肢のおや指及びひとさし指を欠くもの |
| | 2. 両上肢のおや指及びひとさし指の機能を全廃したもの |
| | 3. 一上肢の機能の著しい障害 |
| | 4. 一上肢のすべての指を欠くもの |
| | 5. 一上肢のすべての指の機能を全廃したもの |
| 4級 | 1. 両上肢のおや指を欠くもの |
| | 2. 両上肢のおや指の機能を全廃したもの |
| | 3. 一上肢の肩関節、肘関節又は手関節のうち、いずれか一関節の機能を全廃したもの |
| | 4. 一上肢のおや指及びひとさし指を欠くもの |
| | 5. 一上肢のおや指及びひとさし指の機能を全廃したもの |
| | 6. おや指又はひとさし指を含めて一上肢の三指を欠くもの |
| | 7. おや指又はひとさし指を含めて一上肢の三指の機能を全廃したもの |
| | 8. おや指又はひとさし指を含めて一上肢の四指の機能の著しい障害 |
| 5級 | 1. 両上肢のおや指の機能の著しい機能障害 |
| | 2. 一上肢の肩関節、肘関節又は手関節のうち、いずれか一関節の機能の著しい障害 |
| | 3. 一上肢のおや指を欠くもの |
| | 4. 一上肢のおや指の機能を全廃したもの |
| | 5. 一上肢のおや指及びひとさし指の機能の著しい障害 |
| | 6. おや指又はひとさし指を含めて一上肢の三指の機能の著しい障 |
| 6級 | 1. 一上肢のおや指の機能の著しい機能障害 |
| | 2. ひとさし指を含めて一上肢の二指を欠くもの |
| | 3. ひとさし指を含めて一上肢の二指の機能を全廃したもの |
| 7級 | 1. 一上肢の機能の軽度の障害 |
| | 2. 一上肢の肩関節、肘関節又は手関節のうち、いずれか一関節の機能の軽度の障害 |
| | 3. 一上肢の手指の機能の軽度の障害 |
| | 4. ひとさし指を含めて一上肢の二指の機能の著しい障害 |
| | 5. 一上肢のなか指、くすり指及び小指を欠くもの |
| | 6. 一上肢のなか指、くすり指及び小指の機能を全廃したもの |

身体障害者手帳の交付は、1～6級まで

| 等級 | 肢体不自由　下肢 |
|---|---|
| 1級 | 1. 両下肢の機能を全廃したもの |
| | 2. 両下肢を大腿の2分の1以上で欠くもの |
| 2級 | 1. 両下肢の機能の著しい障害 |
| | 2. 両下肢を下腿の2分の1以上で欠くもの |
| 3級 | 1. 両下肢をショパー関節以上で欠くもの |
| | 2. 一下肢を大腿の2分の1以上で欠くもの |
| | 3. 一下肢の機能を全廃したもの |
| 4級 | 1. 両下肢のすべての指を欠くもの |
| | 2. 両下肢のすべての指の機能を全廃したもの |
| | 3. 一下肢を下腿の2分の1以上で欠くもの |
| | 4. 一下肢の機能の著しい障害 |
| | 5. 一下肢の股関節又は膝関節の機能を全廃したもの |
| | 6. 一下肢が健側に比して10センチメートル以上または健側の長さの10分の1以上短いもの |
| 5級 | 1. 一下肢の股関節又は膝関節の機能の著しい障害 |
| | 2. 一下肢の足関節の機能を全廃したもの |
| | 3. 一下肢が健側に比して5センチメートル以上または健側の長さの15分の1以上短いもの |
| 6級 | 1. 一下肢をリスフラン関節（足趾の一番付け根、土踏まずの前方）以上で欠くもの |
| | 2. 一下肢の足関節の機能の著しい障害 |
| 7級 | 1. 両下肢のすべての指の機能の著しい障害 |
| | 2. 一下肢の機能の軽度の障害 |
| | 3. 一下肢の股関節、膝関節又は足関節のうち、いずれか一関節の機能の軽度の障害 |
| | 4. 一下肢のすべての指を欠くもの |
| | 5. 一下肢のすべての指の機能を全廃したもの |
| | 6. 一下肢が健側に比して3センチメートル以上または健側の長さの20分の1以上短いもの |

身体障害者手帳の交付は、1～6級まで

**図1a　身体障害等級表（肢体不自由上肢）**　　**図1b　身体障害等級表（肢体不自由下肢）**

という語の由来は、古く、1929（昭和4）年に高木憲次博士が「四肢・体幹に障害があり、将来、そのままでは生業を営む上で支障をきたすおそれのある児童」を「肢体不自由児」と定義づけたことにはじまる。第2次世界大戦終結の頃までは、肢体不自由の原因としては脊髄性小児麻痺（ポリオ）と脳性麻痺が大きな割合を占めていた。現在、肢体不自由の原因としては脳性麻痺、脳外傷性後遺症、脳血管障害などの脳性疾患が多くを占め、その他、脊髄損傷などの脊椎・脊髄疾患、進行性筋ジストロフィー症、ALS（筋萎縮性側索硬化症）などの神経・筋疾患、さらに骨疾患、外傷性後遺症によるものなど、障害としての肢体不自由を引き起こす病態は多岐にわたる。

## ❷ 運動障害学生のニーズ

大学等における運動障害（肢体不自由）学生は、障害を持つすべての学生の中で約3割を占める（**図2**）。運動障害の学生のニーズとしては、感覚機能の障害を合併していなければ、教室間の移動のバリアとノートテークの問題が中心となる。ビル型のキャンパスでの講義に限られる都市型キャンパスや講義棟がほぼ決まっている専門課程など、建物間の移動が少ない場合は比較的問題は少ないが、広いキャンパスに講義棟が点在している郊外型のキャンパスや、入学初年度のように教養課程などで、一日のうちにいくつもの講義棟間の移動を短時間に行わなければならない、あるいは、地形の起伏激しい山間部のキャンパスなどでは、移動の援助が不可欠となる場合もある。当然、階段、段差、坂道、講義室の間口幅や車いすでの受講スペース、各講義室における障害者用トイレの配置や改修の必要性などバリアフリー調査（**写真1**、**写真2**）を、対象学生が就学する前に行い状況を把握しておく必要がある。講義におけるノートテークなどの問題は、現実的には大学就学に至った学生については、入学前の

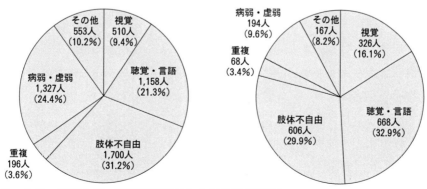

**図2　大学・短期大学・高等専門学校における障害種別**

写真1　バリアフリー調査(1)　　　　写真2　バリアフリー調査(2)

高等学校などで就学した段階ですでに、ノートパソコンなどを用いるなどして、それぞれのノウハウを獲得していることが多く、直接的な支援者を介した講義中は必要としない場合が多いが、車いすや体位に適した、デスクやチェアなどの事前準備を必要とする場合もある。

## ❸ 運動障害学生の支援の実際

　障害のある大学生の支援で最も大切なことはなんだろう。教員の立場で考えると、社会的自立に向けた支援であろうと思われる。

　障害学生の支援に関わる教員は、大学に在籍している間に、学生自身が、①自分の状態を把握し、②必要な支援を要望し、③支援をマネジメントできる人になってもらいたいと願っている。つまりエンパワメントの点が重要なのである。しかし、ついこの間まで高校生であったフレッシュマンに、いきなりそのようなことを望むのは難しい。まずは学生がスムーズに大学生活を送れるような配慮を周囲が講じていくことが必要である。ここでは、実際に筑波大学で行われている入学時の運動障害学生の支援のプロセスを紹介する。

　支援を行う上でまず考えなくてはならないことは、視覚障害、聴覚障害、発達障害のある学生の場合と比べると、運動障害のある学生の運動制限の様相や重症度は非常に多様であるということである。たとえば、車いすが必要な人もあれば、そうではない人もいる。車いすに関しても、自走と他走、手動と電動などさまざまなタイプが存在する。また、改修が必要な場合もあれば、そうでない場合もある。

　それゆえ、支援に関わる教員は入学前に本人と連絡を取り合い、実際に会ってみて、どのような支援が必要なのか、個別にアセスメントすることが重要となる。ニーズによっては大がかりな改修が必要なこともあるので、入学が決まったら可能な限り早い段階で、計画的にニーズのアセスメントを実施していかな

くてはならない。

アセスメントは教員だけではなく、ピアチューターの中心であるチームスタッフの学生に協力してもらう点が多い。ニーズのアセスメントでおさえるべき点は大きく分けて、以下の5つに集約される。これは、基本的には②の「運動障害学生のニーズ」をさらに具体化、整理したものと考えてよい。

① 改修や配置変更

② 機器購入・設置

③ 履修・授業における配慮

④ 移動支援

⑤ その他の相談

これらの中には入学試験を受ける前の事前相談などで得られた内容と重複する点もあると思うが、すでに得られている情報を参考にしながら入学が決まった早い段階で障害学生支援室の教員、入学先の学部・学科教員（学科長や担任など）が本人や関係者と連絡をとる。そこでは、障害の原因、（手帳の等級なども含めた）障害の部位や状況、医療・福祉的サポートの状況（主治医の有無、福祉サービスの利用の経験など）、在籍校における支援（体育、授業・行事への参加の状況、介助、改修等が必要だった点）を確認すると同時に、上記5つの観点から緊急的にアセスメントを行う。これを一次アセスメントと呼ぶ。

その後、入学直前あるいは入学直後において、一次アセスメントで明らかにされていない点について補完的に評価を行う。これを二次アセスメントと呼ぶ。ここでは、学生本人に学内移動を実際に体験してもらい、移動ルートや移動時間を確認するとともに、解消すべきバリアを明らかにする。また、学部・学科の責任者や担任、授業（特に全学必修科目）を担当する教員等との打合せを行い、教室に関して下見を行う。それらのアセスメントや打ち合わせの結果をもとに必要な支援を講じる。入学前、入学直前・直後の支援の動きについて時間を追ってとらえると以上のようになる。以下に、前述の5つのアセスメントに関して説明を行う。

①改修や配置変更

「改修や配置変更」のうち、「改修」の代表的なものには、トイレ、ドア、エレベーターの改修がある。トイレの改修では、洋式便座への変更、座面高さの調節、着替え用いすの設置、照明や蛇口の自動化などを行うことが多い。ドアに関しては、自動ドア化、スライドドア化、ナンバー（カード）キー化などの改修を行う。エレベーターに関しては、車イス利用者用の操作盤（ボタン）や

後方確認用の鏡の設置のための工事が必要とされる。また、障害学生支援センターや支援室が整備されていない場合には、教室等を改修し、支援の拠点を作ることが必要であるだろうし、学生が授業を受ける講義棟の近くに身障者用駐車場が存在しない場合には、乗降スペースが確保された駐車場、建物への移動のためのリフトなどを設置することがある。また、学生宿舎がある場合には、それらの改修についても関わることがある。「配置変更」に関しては、移動や作業の妨げとなる荷物、物品などの撤去や、備品の場所、机の配置や向きについて変更を行うことがある。

　「改修や配置変更」以外の場合も同様であるが、アセスメントでは、支援に関するニーズ調査が中心となる。「改修や配置変更」のニーズ調査では、学生ごとに個別に実施することも重要であるが、大学全体の系統的なバリアフリー調査も行い、計画的に改修し障害学生の入学に備えることも必要である。バリアフリーの環境は障害学生だけではなく、一般の学生、教員にとっても有益であることが多い。チームスタッフは、バリアフリー調査の中心的存在になっている。

②機器購入・設置

　「機器購入・設置」の代表的なものには、「車いす専用机」「期末試験用のパソコン」「車いす用の空気入れ」の購入・設置などがあげられる。

③履修・授業における配慮

　「履修・授業における配慮」に関する支援は、「履修上の配慮」「教員による授業場面の配慮」「ピアチューターによる授業・学習場面における支援」「教員による試験の配慮」の４つに分けることができる。

　まず、「履修上の配慮」では、図３のような流れにそって支援を考えていくとよい。たとえば、講義や実習の教室について、移動までに時間がかかる、教室にバリアが存在する、体温調節に配慮が必要なのに個別空調の設備がないなどの問題点があったとする。その場合には授業を担当する教員に相談し、条件に合う教室に変更してもらうことがある。教室変更が難しい場合には履修変更を検討する。その際、全学必修科目であれば、他学部で同一科目が開講されていないかどうか調べる。しかし、そういったことが難しい必修の科目については、代替科目を検討してもらう。フレッシュマンの学生にとって、こういった手続きや交渉は慣れていないであろうし心細い。そこで障害学生支援室の教員やチームスタッフがガイドしていくわけである。筑波大学では外国語、情報処理、体育などの必修科目があるが、現在では障害学生に対する相談について科

目ごとのセンターに支援に詳しい教員がいて、配慮をしている。

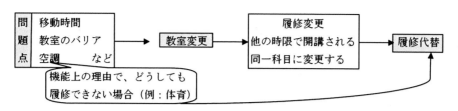

**図3　履修上の配慮の流れ**

「教員による授業場面の配慮」に関して、担任の場合には、なんといっても障害学生をサポートするクラスの雰囲気作りが重要となる。この点については教員間で啓発に努めている。普段の授業においては、たとえば、書字困難を示す運動障害学生であれば、それを補うため機器（講義を記録するためのICレコーダー、板書などを記録するデジタルカメラなど）の使用を教員に認めてもらう必要がある。また、移動が困難な運動障害学生であれば、教員に資料の受け取りや課題の提出などについてメールでやりとりすることを頼み、事務室や研究室への移動を少なくしてもらう。同様に運動の制限の理由から実習や課題作成について相当な時間を要する場合には時間や期限を延長してもらうことを依頼する。入学時において不慣れな障害学生に対しては、障害学生支援室の教員や担任がサポートを行うことがあるが、障害学生自身のエンパワメントを徐々に高めていくことが重要なので、その後は基本的には学生自身で交渉していく。教員やチームスタッフは困難な事態が生じた時にのみ関わるべきである。

「ピアチューターによる授業・学習場面における支援」の代表例には、「授業時のノートテイク」「文献やその他資料のコピー」「資料整理」が挙げられる。こういった支援は入学後に親しくなった友人に依頼してもよいが、学年が進行し共通科目が減り専門に分かれていくにつれ、人材確保が難しくなる。そのような場合、ピアチューターによる支援が重要になる。

「教員による試験の配慮」では、筆記に時間がかかる、小さい文字が書けないといった運動障害学生に配慮する必要がある。具体的には、学生のニーズに合わせて、試験時間の延長、別室受験、パソコンの使用、拡大解答用紙の使用、解答方式の変更（マークシート方式をチェック方式に変更するなど）の措置を教員が行う。

④移動支援

「移動支援」は大学の広さ、バリアの状態に左右されるが、筑波大学のキャンパスは広く、坂やバリアも少なくない。そのため、大学と学生宿舎の間の移

動や次の授業の場所が遠い場合の移動などではピアチューターがサポートを行う。その際、時間的にあるいは体力的に困難な場合はタクシーを利用することもある（第二部参照）。

⑤その他の相談

「その他の相談」の主なものとしては、入学時の不安や、学業、進路、友人などについての悩みが挙げられる。これらの相談に対しては、支援室の教員、学類の担任、保健管理センターや就職課のスタッフが連携をとりあいながら対応していく。しかし、これらの内容については、学生本人により近い存在であるチームスタッフ、ピアチューター、あるいは運動障害学生同士で話し合える内容も少なくない。

以上の点に関して、ニーズの把握から対応まで記録を残していくことは、本人に適切な対応ができたかどうかを検討するだけではなく、将来的に類似のニーズを持つ学生について速やかに対応していくためにも重要である。チームスタッフやピアチューターは、この記録の役割も担っている。図4は改修・配置変更のニーズ（トイレの改修）があった場合の記録例を示している。

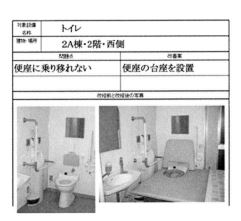

図4　アセスメントと記録のためのシートの例

運動障害学生に対する個別のニーズ調査と支援に加え、チームスタッフは、新しいピアチューターを養成するための講座の企画運営に中心的に関わっている。そこでは、教員や障害学生本人による運動障害の特徴やニーズに関する解説、障害理解や支援のためのグループワーク実習が行われる。

以上、述べてきたように、運動障害学生に対する支援は多岐にわたっている。これらの支援は福祉分野のソーシャルワークの活動によく似ている。そのため、学生時代にピアチューターとして運動障害学生に関わることは、将来、福祉や関連分野（特別支援教育、医療、建築デザイン、福祉工学）の職業に就きたいと考えている学生にとって、貴重な経験となるに違いない。

最後に、運動障害のみならず他の障害も含め、障害のある学生に対して、友人として日頃、どのように接していくべきかを述べたい。障害のある人々は、「自分は健常者と同じようにつきあって欲しい」、その一方で、「障害のある点

をいたわって欲しい。理解しがたい面を尊重して欲しい」という、二つの気持ちを持っているようである。三澤（1985）は、図5のように、「健常者の心理的世界」と「障害者の心理的世界」の二つの世界を仮定し、障害者は二つの心理的世界に住んでいると考えた。

　このような二つの心理的世界の間で障害のある若者の心は揺れ動き、時には激しい葛藤がみられることがある。しかし、周囲の者は自分自身もそれと似たような、二つの心理的世界の間で葛藤しながら生きていることを認識し、「共感的理解」の立場から接していくことが大切である。たとえば、我々は誰でも「大人としてみてもらいたい。大人になりたい」、しかし、「子どもとして許して欲しい。子どもの世界も尊重して欲しい」という、大人と子どもの世界との間で迷い、葛藤しながら成長してきた。そのような経験と照らし合わせ、障害のある若者の気持ちを共感的に理解していくことが重要であると考えられる。

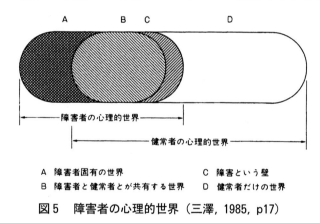

A　障害者固有の世界　　　　　　　C　障害という壁
B　障害者と健常者とが共有する世界　D　健常者だけの世界

図5　障害者の心理的世界（三澤, 1985, p17）

文献
・三澤義一『障害と心理』　医歯薬出版, 1985年：p17

### キーワード

運動障害、肢体不自由、脳性麻痺、身体障害者福祉法、バリアフリー調査
エンパワメント、アセスメント、ニーズ調査、代替措置

### 練習問題

①運動障害を持って入学してくる大学生の、就学上のニーズとして考えられるものを挙げなさい。
②運動障害学生の支援は大きく分けてどのようなものがあるか説明しなさい。
③障害学生の気持ちを理解する上で重要なことは何か説明しなさい。

## 第4節 発達障害学生の支援

### ❶ 発達障害のある学生とは

　現在、我が国における発達障害の定義は、発達障害者支援法に基づいて言及される場合が多い。発達障害者支援法においては、「自閉症、アスペルガー症候群その他の広汎性発達障害、学習障害、注意欠陥（欠如）・多動性障害その他これに類する脳機能の障害であってその症状が通常低年齢において発現するものとして政令で定めるもの（発達障害者支援法第2条1項）」としている。この定義におけるポイントは、「脳機能の障害があること」「症状が低年齢において発現していること」の2点である。つまり、心理的な要因など脳機能の障害以外の要因によって、また思春期以降に発現する問題については発達障害のカテゴリーには属さないと考えられる。

　以下では、代表的な発達障害である「学習障害」「注意欠如・多動性障害」「高機能自閉症・アスペルガー症候群」について簡単に説明をする。

#### 1. 学習障害

　学習障害については、文部科学省は「全般的な知的発達に遅れはないが、聞く、話す、読む、書く、計算するまたは推論する能力のうち特定のものの習得と使用に著しい困難」と定義している。大学生活の中では、例えば、読み書きについて、他の学生と比較して、非常に時間を要するような場合が考えられる。

#### 2. 注意欠如・多動性障害

　注意欠如・多動性障害は、「注意力障害」と「多動性・衝動性」を特性とする。注意力障害とは、注意の持続困難（集中力の欠如）や注意の配分の困難（環境全体に注意を払うことの困難）、あるいは注意の転換の困難（好きな活動などに注意が集中するとそこから離れられなくなる）などがある。注意力障害がある学生は、時間管理の困難（レポート期限を守れない・約束を忘れてしまうなど）、物の管理の困難（整理整頓が苦手・借りた物をなくしてしまうなど）がある。

多動性・衝動性としては、待つことが極端に苦手であったり、話し始めると止められなくなってしまうなどの様子がある。また注意欠如・多動性障害の学生は、ささいなことで怒ったり、落ち込んだりする様子を見せるなど、感情の起伏が激しい者もいる。

### 3．高機能自閉症・アスペルガー症候群

高機能自閉症とは、知的障害を伴わない自閉症のことを指す。一方でアスペルガー症候群は、乳幼児期からの発達過程において、一般的な自閉症が示す言語・認知発達の遅れを示さず、知的能力が高い。

高機能自閉症やアスペルガー症候群は、主として対人関係に関する障害を有している。具体的には、他者の感情や考えを推測することが苦手である。そのため、相手が嫌がる言動を平気でしてしまう様子が見られたりする。また、相手の興味や関心とは無関係に、自分の興味のある話を延々と話し続けてしまう場合もある。

また、物事に極端にこだわり、状況に合わせて柔軟に振る舞うことが難しい。例えば、ルールに対する強いこだわりを示す場合には、ルール違反に過剰に反応する（例えば、喫煙場所以外で喫煙している人を罵倒する）などがその例である。また、授業に関していえば、急な休講や教室変更などに対応できずに混乱をする様子を見せる場合もある。

## ❷ 発達障害学生の支援の必要性が高まってきた背景

長い間、我が国において「障害」といえば、身体的な障害、知的障害、精神障害を指してきた。しかし、知的障害のない発達障害のある人たちの存在が、少しずつ明らかになるにつれて、この人たちに対する福祉的・教育的サービスをどのように保障していくのか、という課題が生じてきた。

その課題に対応するために、平成17年4月に発達障害者支援法が施行され、その第8条第2項に「大学及び高等専門学校は、発達障害者の障害の状態に応じ、適切な教育上の配慮をするものとする」と明記されるに至った。

さらに、平成19年度より、発達障害のある幼児児童生徒への教育支援体制の充実をめざした「特別支援教育体制」が開始された。この特別支援教育体制は、幼稚園から高等学校まで、発達障害のある幼児児童生徒が、それぞれのもつ特別な教育ニーズに応じた支援を受けることが可能となる教育体制を目指すものである。

このような時代的な背景により、「発達障害」そのものの社会的認知度が高くなってきている。また実際に高等学校まで、発達障害を理由に特別な支援を受けてきた生徒が、大学においても、それまでと同様の支援を求めてくる可能性も高い。さらに平成23年度より、大学入試センター試験における特別措置の対象者として、発達障害が明記されるようになった。以上のような状況により、今後、大学等の高等教育機関における発達障害学生の支援ニーズは、ますます高くなってくると予想される。

## ❸ 発達障害学生はどのようなことで困っているのか

発達障害の学生が大学生活において抱える困難は、個々の学生によって大きく異なっている。学習面での困難のみを抱えている学生もいれば、生活面での困難が大きく、その影響によって学習上の困難が派生してしまうような学生もいる。表には、発達障害の学生が抱える困難について、代表的なものを示してある。

**表　発達障害学生が示す困難の例**

| | |
|---|---|
| 学習面 | ・履修申請の手順がわからない<br>・レポートが期限内に提出できないことが多い。<br>・試験の時間割を間違える。<br>・少しでも遅刻すると、遅れて教室に入ることができない<br>・1回、授業を休むと、次から授業に出席できない<br>・授業中、突然、的外れな質問をしてしまう<br>・周囲の音が気になって、授業に集中できない<br>・講義を聞きながら、ノートを取ることができない<br>・早口の教員の講義が理解できない<br>・特定の科目の単位が取れない（語学・体育など）<br>・実習の単位が取れない<br>・演習などで行うグループワークでトラブルを起こしてしまう<br>・講義が突然、休講になったりすると混乱する<br>・卒業研究等の計画を立てることができない。 |
| 生活面 | ・友人とうまくつきあえない<br>・自分の興味ある内容を相手が嫌がっているにもかかわらず話し続けてしまい、友人から敬遠される<br>・約束を忘れてしまう<br>・約束の時間を忘れてしまう<br>・借りた物をなくしてしまう<br>・自分の日課を妨害されると著しく混乱してしまう<br>・サークルでトラブルを起こしてしまい、参加しにくくなってしまう<br>・事務職員等に同じ質問を何度もして、確認しないと不安で困る<br>・相手の主張を受け入れることができずに、自分の主張をしつこく言い続けてしまう<br>・学内で食事をとることができない（学食等で食べることができない） |

## 1. 学習面での困難

学習面での困難としては、「履修申請やレポート提出等において、決められた期限や手続き通りに行うことが難しい」「独特のこだわり（例えば、遅刻すると途中から出席できない）のために、授業に継続的に出席することができない」「極端に苦手な科目があったり、他の学生との協力が求められる実習・演習の授業の単位が取得できない」などがある。また卒業研究のように、長期間にわたって作業を進めていく必要がある場合、計画を立てたり、その計画通りに作業を進めることが困難な場合も多い。

学習面での困難を示している場合でも、授業担当教員や他の学生に援助を求めれば、大きな問題にならない場合もある。しかし、他者とのコミュニケーションに課題を抱えている学生も多く、簡単な援助の要請もできずに、より問題が深刻な状況になってしまう場合もある。

## 2. 生活面での困難

生活面での困難のひとつに、対人関係のトラブルがある。相手の気持ちに気づくことが苦手なために、相手の嫌がる言動をしてしまう。また、約束を忘れたり、借りた物を返さなかったりして、友人関係が疎遠になってしまう場合もある。さらに発達障害の学生の中には、情緒的に不安定になりやすい者もいる。ささいなことで感情的になってしまい、周囲の人との関係が壊れてしまう場合もある。

また食事や掃除、洗濯などの日常生活に困難を抱えている学生もいる。特に大学入学後に一人暮らしを始めた学生にとっては、日常生活を送ること自体が大きなハードルになる。

## ④ 発達障害学生の実態

日本学生支援機構では、「大学、短期大学及び高等専門学校を対象に障害のある学生の修学支援に関する実態調査」を毎年1回実施している。その調査によると、平成21年度（2009年度）において、発達障害の診断書を有する学生の数は、総数で458名であった。障害別の内訳は、学習障害が63名（全体に占める割合が11.1%）、注意欠如・多動性障害が85名（同14.6%）、高機能自閉症等が423名（同74.3%）であった。しかしながら、診断書を有していない学生であっても、発達障害が疑われるような学生生活上の困難を示す学生は相当数いると考えられる。日本学生支援機構の調査では、診断書は有していないが、配

慮を必要としている学生についても調査をしている。その総数は809名であり、障害別の内訳は、学習障害が112名（全体に占める割合が13.8％）、注意欠如・多動性障害が85名（同10.5％）、高機能自閉症が521名（同75.6％）であった。

　このように、診断書を有している学生よりも、診断書はないが配慮が必要な学生が多数いることがわかる。これは、知的障害を伴わない発達障害のある人たちの存在が知られるようになってからまだ十分に時間が経過していないために、学校生活や友人関係などに違和感をもちながらも、自分自身が発達障害であることに気づかずに大学に進学してきている学生が多数存在している可能性を示唆している。

　また、障害別の人数を見ると、圧倒的に高機能自閉症等の学生が多い。しかしながら、障害の発生頻度から考えると、学習障害や注意欠如・多動性障害のほうが高い（例えば、注意欠如・多動性障害が３％程度であるとされている一方で、知的障害の伴わない自閉性障害は0.5％程度）。これは、学習障害や注意欠如・多動性障害のある学生は、学生生活において大きな困難を示さないために、統計上の数値に現れていないが、自閉性障害は学生生活で困難を示す場合が多いために、数値が大きくなっている可能性もある。

## ❺ 発達障害学生の支援の実際

### 1．支援の基本的な考え方

　発達障害のある学生への支援の前提として、支援に関わる者すべてが、脳機能の特異性による物事のとらえ方の偏り（できることや得意なこととできないことや苦手なことの間のアンバランスが大きい）や歪み（偏りも含め周囲と違うとらえ方をする結果として、考え方や行動が周囲とは逸脱する）があることを理解することが挙げられる。この場合の理解とは、教科書的な発達障害に関わる特性や障害を知識として理解するだけでなく、知識をふまえて個々の発達障害のある学生が抱える困難を、支援すべきこととしてとらえることも指していると考えられる。具体的には、基本的には発達障害に関わる特性に起因していると想定し、持っている特性が困難につながる要因を軽減し、本人の自信につながるアドバンテージになる要因を増やしていくノウハウの蓄積を指してもいると考えられる。

　また、発達障害のある学生が示す大学生活上の困難は、それぞれをみれば一般的な学生のだれしもが少なからず経験することであることも、学生への理解や対応を妨げる一因になりがちといえる。発達障害に関する定義から見ると、

第2章 障害別支援

個々の状態像が「社会的、職業的あるいは他の重要な機能の領域において、臨床的に明白な障害を引き起こす」(DSM-IV-TR) ことが必要になる。このことは、周囲あるいは本人の気づきにとっても、医師による発達障害の診断にとっても、教育や心理領域における判断にとっても重要である。つまり、特性によって生じる困難や制約が本人や周囲にとって持続しており、それによって不利益を被っていること、それらに対して支援が必要な状態であることが、周囲や本人の気づきから専門的な立場による診断、あるいは判断に至る流れの中で明確化していくことが支援の端緒といえる。そしてそこから、学生に関わる周囲がそれぞれの立場でできる支援を考え、進めていくことが重要であろう。

2．支援の現状

　大学における発達障害のある学生への支援は現時点ではまだ試行的取り組みといってよい段階にあるといえるが、いくつかの大学では組織的対応が始まっており、その成果も上がってきている（佐々木・梅永、2010、国立特別支援教育総合研究所、2007）。大学における発達障害学生の支援に関する現状の一端を知ることができる資料として、日本LD学会研究委員会研究プロジェクトチーム（2008）による調査が挙げられる。この調査では、同学会の会員である大学教員を対象に高等教育機関で学ぶ発達障害学生の修学面に焦点を当てた調査を実施し、調査回答者の教員が学生の困難にどう気づき、どう支援したか、また支援に関してどう考えているかをまとめている。考察においては「一定の専門性を有する教員による先取的取り組みの実態」であることをふまえた上で、発達障害に関わる学生を大学あるいは教員として支援することの課題や限界が指摘されている。一方で、具体的な支援として現実的かつ支援を受ける側の抵抗や負担が少ないものとして、インフォーマルなピアサポート、つまり周囲の教員や学生、とりわけ学生同士の関係で日常的な生活、活動において自主的、主体的に行うサポートが挙げられている。また福田（2007）は精神科医師として学生相談にかかわる中で、相談や支援対応が必要な種々の状態像を述べており、この中で最初に取り上げられているのは発達障害のアスペルガー症候群であり、関連する状態像として注意欠陥多動性障害（ADHD）、学習障害（LD）、トゥレット障害、高次脳機能障害についても述べられている。佐々木、梅永（2010）は発達障害のある学生が大学の生活で困ることや悩みを周囲にうまく説明できないこと、学習面、生活面、サークル活動等の対人関係面、卒業・就職面に分けて解説している。それぞれの項では発達障害のある学生がどんな点で困るか、

67

本人ができること、家族や大学ができることが述べられている。

　このように、大学における発達障害のある学生への支援は大学全体、教員、学生相談などの学内の相談機関、学外の医療機関や相談機関、そして保護者、本人といったさまざまな側面から支援対応が注目されてきている。一方で、発達障害のある学生が抱える困難は多岐にわたっており、支援の内容は個々によって異なることからも、今後の支援の充実には発達障害の理解を周知するための継続的な啓発と、対応事例の蓄積が求められているといえる。

　小学校、中学校を中心に特別支援教育が進展してきた過程で、発達障害のある児童生徒への理解と支援の蓄積がなされてきているとともに、高等学校等の後期中等教育、大学等の高等教育段階も含めた発達障害への支援を考える際の視点として、授業や講義のユニバーサルデザイン化と、合理的な配慮（Reasonable accommodations）が挙げられる。これらについては大学における発達障害のある学生への支援に限らず、障害のある人への支援全般にわたる考え方に関わるため、ここでの詳述は行わないが、共通するのは障害の有無に関わらずすべての人が同じ機会を得られるためのしくみということであろう。


### 3．障害学生支援における発達障害学生支援

　障害学生支援の立場からの発達障害のある学生の支援は、確定診断のある学生を中心に、本人の同意を前提に行われる。支援の内容は上述したように学習面、生活面、対人関係面、卒業・就職面といった側面からなされるが、大学における支援の主なものは学習面の支援であり、実際に授業やゼミ等、それぞれの担当教職員が学生本人に対応する中で特性に応じた支援を行えるよう、理解啓発を含めた情報提供の要因が大きい。

　発達障害のある学生が大学生活で困り、相談に至るものとして、国立特殊教育総合研究所（2005）はコミュニケーションや対人関係、社会性に関するトラブル（集団の中でトラブルが発生し、生活がうまくいかないことにより本人や周囲が悩んでしまう）、不登校や休学、学業や進路上の問題（物事が進まない、計画を立てられない、集中できない、面接でうまく答えられないなど）、二次的あるいは合併した心理的問題（上述した悩み事から二次的あるいはこれらに合併して起きる心理的、精神的困難さ）、他人と違うことへの何らかの違和感の自覚（発達障害のある人自身の手記を読んだり、テレビやインターネットで発達障害を知ったりして、自分もそうではないかと思って相談に至る）、保護者との関係悪化を挙げている。これらの多くは学生相談室への相談として、本

第 2 章 障害別支援

人のみならず周囲の教職員、学生から出されるものが多く、発達障害が要因として疑われる場合に障害学生支援の専門委員につなげられる。

障害学生支援で基本的に行うこととして、関係者間の情報共有ができる体制を作ることが挙げられる。具体的には、学生相談の医師やカウンセラー、ゼミ担当教員や授業担当教員との間での相互連絡が挙げられ、必要に応じて発達障害に関する資料、文献のコピーを渡す等、基本的な理解啓発を促す情報を提供することも挙げられる。また、医療機関との連携の取り方について、専門機関の紹介などの連絡対応に関すること、将来のことについて話し合う機会を持つこと等の点で、必要に応じて保護者との相談連絡も行う。あわせて、学習面に関する支援を円滑に進める点で、混乱したり、感情が高ぶったりしたときに一人になって落ち着ける場所の確保等、日常生活の支援に関わる内容を学生本人との面談で検討することも必要になることが多い。

本人への支援については、いずれも本人の具体的な困難さを確認した上で、授業上の支援、試験・評価の支援（課題やレポートの提出期限を遅らせることを認める、レポート提出による単位取得を認める、本人が理解可能な形態で指示を出す等）について、授業担当教員等に依頼することも必要になる。また、進路決定に関する支援として、面接試験の練習をする機会を作る、保護者に他機関の職業訓練所を紹介する等のコーディネートも担うことがある。これに関連して、卒業に関する支援として、卒業論文を仕上げるまでの契約関係を本人と支援者の間で結び、共通の課題を確認する、目標とそのための具体的行動を意識させる、継続して取り組むことの意義を意識させる機会を持つことが挙げられる。長期的な支援としては、漠然とした疑問や発想を具体的で確実なテーマにしていくための手助けや、おおまかな活動を時系列で把握できるような予定表、スケジュール表の作成ならびに修正が挙げられる。これらの長期的な支援の中で、短期的な支援として週1回などの定期的支援で具体的、実際的な行動を促していく。そこでは本人の失敗歴、成功歴をふまえ、まずはいちばんやりやすい方法を考えていくことから始めていく。あわせて、就労に向けての支援として、本人が自らの障害や困難さについて自覚し、その特性にあった職業選択を促すための職業リハビリテーションの利用を促すことや、相談を受ける過程での本人の困難な部分への自覚を促すことや、アルバイト体験の中で本人の適性把握の機会を作ることなど、大学での就労準備的な支援が挙げられる。大学内のキャリア支援体制を利用しながら、キャリア・カウンセリングを活用すること、履歴書や願書の作成、面接の対応や、就労体験の

準備と障害にともなう困難さの理解と対応の工夫等に関わることもある。

これらの支援を行う上で、担任や指導教員、授業担当教員、保健管理センター、学生課など、複数の関係者による連携は欠かせないものである。

## 4．周囲の学生ができること

上述したように、大学としての支援体制は確実に進んでいる現状がある一方で、実際の支援にあたっては周囲の学生のインフォーマルなピアサポートが重要であると考えられる。

周囲の学生が発達障害のある学生の支援をどう考え、どう実践するかの例については、日本LD学会研究委員会（2008）のリーフレットを参考にされたい。このリーフレットは(1)教員向け、(2)周囲の学生向け、(3)相談機関の職員向け、(4)事務職員向け、の4分冊に分けられており、特に(2)周囲の学生向けについては、大学において実際に周囲の学生が発達障害のある学生の支援に関わった実績から支援の基本的な考え方、できること、支援の実際がまとめられている。この中で述べられている重要な点として、大学で学ぶ発達障害学生にとって最大の理解者となりうるのは周囲の学生である、という記述がある。発達障害のある学生が感じる困難さは周囲から困難さとしてとらえにくいとともに、困難に対する支援がどこまで必要でどこから必要ないのかを判断することは専門的な立場からでも難しい点である。とりわけ、自分たちがあまり苦労せずにできていることが発達障害のある学生にとっては大きな困難になりうることは、周囲の学生にとっては理解しにくいことといえる。しかしながら、大学生活の中で多くの時間を共有する点で、周囲の学生は気づきにも支援にももっとも近い立場にいると考えることができる。発達障害の特性による困難が身体障害に比べていわゆる「目に見えにくい」ものであるため、周囲、とりわけ教職員からは努力不足や故意によるものに帰着される可能性も高い一方で、本人なりの努力や評価される点が見えやすいのも、やはり周囲の学生であろう。そこでは発達障害の有無ではなく、「その人らしさ」としてとらえる視点から同じ学生としてともに学生生活を送るもの同士のやりとりが支援として成立するものと考えられる。

## 5．仮想事例による支援の具体例

ここでは上記をふまえ、発達障害のある学生の支援について、仮想事例を取り上げて述べていく。

第 2 章 障害別支援

　理系学部に所属する男子学生。3 年次から始まった演習形式の授業で実施された
グループディスカッションでテーマに沿った意見が出せない、関係ない話
を一方的にしてしまうといったことに対して授業担当教員や周囲の学生からま
じめに参加するよう意見されたところ、ほかの授業を含めて大学に出てこなく
なり、3 年次の年度末時点で取得単位が少ないことを心配した保護者と担任か
ら学生相談室の利用を勧められた。本人は周囲との違和感を感じていたことも
あり学生相談室の利用に同意し、医師ならびにカウンセラーとの面談を続ける
中で発達障害（アスペルガー症候群）の診断を受け、障害学生支援の利用につ
いても同意したことから、支援専門員による支援が開始された。

　学生相談室の心理相談で実施された知能検査では、全体的に実年齢相応以上
の知的能力水準にあることが示されたが、検査項目の間に得点のばらつきがあ
り、目で見たものをまとまりとしてとらえる力は優れているのに対し、ことば
を理解して用いる力のうち、日常場面での問題解決に関する質問に対しては本
人のとらえ方が周囲のとらえ方とズレがあることが推察される結果であった。

　検査結果を中心とした学生相談室からの情報を考慮し、支援専門員との面談
の際には質問は口頭で行うとともにパソコンに入力し、本人がパソコンの画面
も確認しながら進めていくこととした。あわせて本人からの回答についても要
約してパソコンに入力し、質問と対応させて確認できるようにした。

　面談を通して、本人への支援は(1)単位取得に関する支援としての、担任と授
業担当教員からの情報もふまえた教員向けのお願い文書の作成と送付、(2)対人
関係に関する支援として、所属部の部長や顧問へのお願い文書の作成と送付、
(3)卒業論文に関する支援としての、指導教員との面談と本人の卒業論文作成に
関わる内容確認のための定期的な面談を中心に行うこととした。

　当初は単位取得や卒業論文作成への意欲の低下が見られ、面談でも支援専門
員からの問いかけには応答するが自分の意見がほとんど出てこないことが続い
たが、面談が卒業に向けての内容のみを検討する場であることを伝えて以降、
お願い文書に含める内容に自分の意見を入れてほしいことや、卒業研究の内容
を自分の興味に添ったもの（鉄道関係）にしたいこと等、主体的な姿勢が見ら
れるようになった。その中で卒業研究の指導教員のゼミにも参加できるように
なり、自分の卒業研究の進捗を発表できるようになったことも報告され、学会
発表の機会に内容に興味を持った企業関係者と連絡をとるようになっていった。
支援専門員との面談では自分からその間にあった困難を感じる点とそれらへの
対処策を事前にメールで送付してくるようになり、面談でまとめ直したものを

71

学生相談室の相談員と指導教員に送付する流れができていった。面談の頻度も当初は月に2〜3回だったものが月1回程度になり、面談内容も本人の出す意見に支援専門員が同意し、他に考えられる意見を出す、というものに変わっていった。最終的には指導教員はじめ周囲の教員にも評価される内容の卒業論文を作成し、卒業に必要な単位も取得して企業への就職が内定し、卒業に至った。部活動での人間関係も大きなトラブルなく推移し、卒業後も部活動に顔を出していることも本人から報告された。

　この事例はこれまで対応してきた発達障害のある学生の支援のいくつかをまとめて一部脚色を加えたものであるが、最初にも述べたように学生本人が持っている特性が困難につながる要因を軽減し、本人の自信につながるアドバンテージになる要因を増やしていくことは、専門的な支援に限らず重要な視点であると考えられる。そのためには周囲に発達障害のある学生がいる、いないに関わらず、共生という視点が教職員を含めた大学全体に周知されていくことが望まれる。

【文献】
日本学生支援機構（2010）平成21年度（2009年度）障害のある学生の修学支援に関する実態調査結果報告書.


参考文献
佐々木正美・梅永雄二（監修）（2010）大学生の発達障害. 講談社.
国立特別支援教育総合研究所（著）（2007）発達障害のある学生支援ケースブック　支援の実際とポイント. ジアース教育新社.
国立特殊教育総合研究所（著）（2005）発達障害のある学生支援ガイドブック　確かな学びと充実した生活をめざして. ジアース教育新社.
福田　真也（著）（2007）大学教職員のための大学生のこころのケア・ガイドブック　精神科と学生相談からの15章. 金剛出版.
日本LD学会研究委員会（2008）大学で学ぶ発達障害学生の理解と支援のためのガイド」〜(2)学生の皆さんへ. 日本LD学会（http://wwwsoc.nii.ac.jp/jald/inkai_pdf_02.pdf）2011年1月31日現在.
日本LD学会研究委員会研究プロジェクトチーム（2008）大学における発達障害のある学生支援事例の実態調査報告―試行的取り組みにみる支援の実際とサポートの充実に向けて―. LD研究　研究と実践. 17(2), 231-241.

第 2 章 障害別支援

**キーワード**

発達障害者支援法、特別支援教育、学習障害、注意欠如・多動性障害、高機能自閉症・アスペルガー症候群

**練 習 問 題**

①発達障害学生支援の必要性が高まってきた背景について説明しなさい。
②発達障害学生が大学生活においてどのような困難を抱えているのか説明しなさい。

# 第5節 保健管理センター（精神科・学生相談）と連携した障害学生支援

　保健管理センターでは、健康診断のほか病気やけがなどの治療を行っている。多くは短期間の診療で終了するが、なかには比較的長期に治療を必要とするものもある。その代表的なものがメンタルな問題であり、精神疾患や精神障害と呼ばれる。この章では大学生にはどのような精神障害が多く、どのように支援していくことができるのかについて学ぶ。

## ❶ 保健管理センターの利用状況

　筑波大学保健管理センターの精神科へは年間で全学生の約２％が受診している。１回の受診だけで終了することもあるが、ほとんどの学生は継続的に利用し、内服治療を行っているものも多い。メンタルな問題を抱える学生がすべて当センターを受診するわけではなく、受診しないで我慢していたり、学外の他の医療機関を受診していたりする学生もいる。したがって、少なくとも学生100人に数人はなんらかのメンタルな問題を抱えていると考えられ、決してまれなことではないといえる。診断としては、不安障害、うつ病、統合失調症などが主なものである。

## ❷ 主な精神障害

### 1．不安障害

　不安障害は、強い不安のために落ち着いていられず日常生活をスムーズに送ることができないものである。一見普通にみえるが、ある状況で非常に具合が悪くなることが多い。そのような特徴があることを理解することが重要である。ここでは不安障害の中で比較的頻度が高く、代表的なパニック障害と社交不安障害（対人恐怖）をとりあげる。

### ① パニック障害

　突然のパニック発作が繰り返されるもので、発作の最中はドキドキする、息が苦しくなってハアハアする、のどがつまった感じ、気持ちが悪い、めまいがする、気が遠くなる、死んでしまうのではないかと思う、などがみられる。一度そのような発作を経験すると、またああなるのではないかという不安（予期

不安）が出てくる。そのために発作がおきた場所や状況を避けることも多い。

　電車の中や、渋滞している道路の車中、狭い部屋、大勢の人がいる大講堂の中などで発作が起きると、逃れられないという考えが強くなり、そのような場所を避けるようになる。教室では中央でなく、出入り口の近くに座りたくなる。たとえ自分の部屋であっても一人だと落ち着けず、家族や親しい友人がそばにいることで安心できるようになる。

　治療は、発作の時は苦しいが時間がたてば必ず治まるということや、これは治療できるものであるという病気の知識を身につけてもらうこと、不安を和らげる薬の内服、苦手な状況に慣れていく練習などである。

② 社交不安障害

　人前で話す、数人で話す、面接を受ける、初対面の人と挨拶する、電話する、字を書くなどの恥ずかしい思いをするかもしれない社会的な状況に対する強い不安を抱くのが社交不安障害である。そのような状況にいるとドキドキする、顔が赤くなる、手や声が震える、汗が出る、腹の具合が悪くなるなどの不安による身体症状がみられる。周囲の人に「どうしたの汗びっしょりで」などと何気なく声をかけられると、羞恥心は最高潮に達する。

　パニック障害と少し似ているが、パニック障害は人目をあまり意識していないのに対して、社交不安障害では人にどう思われるかが強く意識され、変に思われたら恥ずかしいという気持ちに支配されている。したがって、社交不安障害の人にとって誰もいない自分の部屋は最も安心できる場所である。このために人のいる状況を避けて引きこもりがちになり、不登校となることも多い。

　治療はパニック障害と同様に病気の知識と不安を和らげる薬、カウンセリング、社会的な状況に慣れる練習などである。


2．うつ病

　うつ病は、一生の間では10人に一人がかかる可能性のあるかなり頻度の高い一般的な病気である。特に誘因がなくても始まる人もいるが、何らかのストレスが強くかかると起きる人も多い。中高年に多いイメージがあるかもしれないが、青年期にも好発する。

　主な症状は、気持ちが沈む、憂うつで悲しい、何も興味が持てない、好きなことも楽しめない、やる気が出ない、動くのがおっくう、不安で落ち着かない、眠れない、食欲がなくなり食べられずに体重が減る、などである。そして過去を後悔して自分を責めるようになる。

誰でも落ち込むことはあり、不安や憂うつな気持ちになることはある。そのような普通の人におきる気分の変動との違いは、うつ病ではその程度が非常に強く日常の生活や社会的な活動に支障が出ることと、何週間もその状態が続き、不調の期間が長いことである。したがって、具合が悪い間は学校へ行けなくなり、サークルなど課外活動にも参加できない。

　典型的なうつ病は上記のような特徴をもつが、中には非典型的なうつ病もある。一日の大半を眠っていたり、食べ過ぎて体重が増えたり、学校へは行けないが家で趣味のことはできたりするものである。また、秋から冬にかけてうつ状態になり、春になると回復し夏はかなり調子がいいという、冬季うつ病もある。

　うつ病は、治療をしないと長引いて状態が悪化し「もうだめだ」「死んでしまいたい」などと思いつめて、自殺をする危険も出てくる。このような場合は入院して治療することが多い。うつ病は治療をすれば基本的に治る病気である。ただし、いちど治ってもまた再発することもある。またうつ状態ではなく、反対に元気がよすぎる躁状態として再発し、躁うつ病となることもまれにある。躁状態は、おしゃべりで、活動的となり、短い睡眠でも平気で、気持ちが大きくなって買い物をしすぎてしまうようなこともある。このようなテンションの高い状態が何週間も続く。

　治療は、休養と薬物療法がまず必要である。典型的なうつ病では発病前にかなり負荷がかかり疲弊していることが多いため、いろいろなことから離れてゆっくり休むことが重要である。また、うつ病の原因はまだ不明な点も多いが、何らかの脳の神経伝達の異常も関係していることから、そのような状態を改善する抗うつ薬が有効である。不眠が強い場合には、よく眠れるように睡眠薬を使うこともある。

　うつ病の治療や再発の予防にとって大切なことは、うつ病のことをよく理解して、無理をせず規則正しい生活に気をつけることである。また、自分の考え方を振り返り、ネガティブに考えがちであればそれを変えていくことも重要である。うつ病になる人は真面目で頑張り屋で、周りにとても気を遣う人が多い。周囲のことを考えすぎて自分の負担が大きくなり、食事や睡眠をきちんととれなくなって疲れてしまう。こうならないようにするために、自分自身について振り返り、偏った考えを修正するカウンセリング（認知療法）を受けることも有効である。

第 2 章 障害別支援

## 3．統合失調症

　統合失調症も青年期には100人に一人がかかる、決してまれではない病気である。思春期から青年期にかけて発症することが多い。急激に興奮して始まることもあれば、徐々に具合が悪くなっていくこともある。

　始まりは、眠れなくなったりなんとなく周りの物音が気になったりすることが多い。そのうちにいろいろなことが偶然と思えず、すべてつながって関係しているように思えたり、みんなが自分のことを知っているような気がしたりするようになる（妄想）。誰もいないのに人の話し声が聞こえてくることもある（幻聴）。集中できなくなり、不安で落ち着かなくなったり、落ち込んだり、いらいらしたり不安定になることも多い。自分の状態や考えがおかしいとは考えられず、周囲が不審で何か企みがあると思い、まるで世界が自分を中心にして回っているかのような考えをもつ。多くの場合それはいい意味ではなく、みんなに噂され、意地悪をされているという被害的な意味である。何も信じられず、誰にも親しめない。生活は閉じこもりがちとなり、不規則で、食事もとれずにやせていく。

　治療は休養と薬物療法が中心である。早く薬物療法を始めればそれだけ早くよくなる。幻覚や妄想は抗精神病薬という薬がよく効く。不眠に対しては睡眠薬を使う。これらの症状がなくなっても疲れやすく、集中力が続かない状態がとれるまでに時間がかかることが多いため、無理をせず少しずつやっていくことが重要である。また、薬をすぐやめると再発することが多い。

## ❸ 精神障害のある学生への支援

　これらの精神障害のある学生に友人としてできることは、その人を理解してあげることにつきる。理解とは、そのような病気があることを知り、友人がそのような病気にかかっているという認識をもつことである。特別な専門的なことではない。

　例えば、あなたがパニック障害の友人にそのことを打ち明けられたとき、そのような病気があることを知っているとどんなにその友人は心強いだろうか。その友人が教室で座る位置を気にしていることも受け入れることができるであろう。また、社交不安障害の友人が緊張してきても、この病気のことを知っていれば、その友人が恥ずかしい思いをしないように見て見ぬふりをすることができるであろう。頻回にトイレに行くことも病気の症状であるから、例えば風邪をひいて咳が出ることを止められないのと同じだと考えられる。そしてうつ

77

病の友人が休みがちで、保健管理センターに通って薬をもらって飲んでいることもわかってあげられるであろう。

　友人がそのような病気にかかっているという認識をもつことも重要なことである。精神の病気はわかりにくく見えにくい。しかし、病気である以上、誰でもかかる可能性がある。統合失調症の幻覚や妄想は想像しにくく理解しがたいが、それらは病気の症状で、この友人はたまたまその病気にかかっていると考えることはできるであろう。そのように考えて、この病気やこの病気にかかっている人を排除したり差別したりしないことも重要な支援である。

　もう一つできることがあるとすれば、それは友人の具合がとても悪い危機的な状況に遭遇したときに適切に対応することであろう。

## ❹ 精神的危機への対応

　精神障害は、固定的なものではなく、状態が変化する流動的な面がある。したがって、経過の中で特に具合が悪くなる時もある。これは尋常ではない、と思われたら声をかけてあげることである。しかし、その状態をどうしたらいいかわからないことのほうが多い。その時には、決して一人で抱え込まず、友人か先生、職員に連絡して一緒に対応することである。

　最も神経を使うのは、友人から死にたいと打ち明けられ、あるいはそのような行為をしようとしている場面に遭遇した時であろう。重要なことは、まず話をよく聴くことである。気の利いた言葉をかけなくてもよい。必死に話を聴く、あるいは黙ってただ傍らに付き添っているだけでも救われることが多い。その上で保健管理センターの受診を勧める。またその友人を一人にしないことと、誰か他に助けを呼んで自分一人で対応しないことも忘れないようにしよう。

　この章でとりあげた精神的な病気は、友人がかかっていることもあれば、自分がかかる可能性もある。友人の支援だけでなく、自分のためにもこれらの病気について知り、理解しておくことは重要である。そのために保健管理センターを活用してほしい（http://www.sakura.cc.tsukuba.ac.jp/~hokekan/sodan/index.html）。

参考文献
入門うつ病のことがよくわかる本、野村総一郎著（講談社）、2010
統合失調症　正しい理解と治療法、伊藤順一郎著（講談社）、2005
社会不安障害のすべてがわかる本、貝谷久宣著（講談社）、2006

第 2 章 障害別支援

### キーワード

精神障害、不安障害、うつ病、統合失調症、精神的危機

### 練 習 問 題

①精神障害のある学生への支援で最も基本的なことは何か説明しなさい。
②精神障害のある学生の精神的危機への対応の原則を説明しなさい。

# 第二部
## 筑波大学における実践紹介

## 第1章　共生キャンパスをめざす授業

## 第1節 総合科目「障害学生とともに学ぶ共生キャンパス」

### ❶ 授業の目標と内容

　筑波大学には、全学の1年生を対象とした選択必修科目（総合科目Ⅰ）の一つに「障害学生とともに学ぶ共生キャンパス」という授業がある。

　筑波大学では多くの障害学生が学んでいるが、周囲の学生の中には、障害について知る機会がないために障害学生との関わりに不安や戸惑いを感じている人も多い。そこで、一人でも多くの一般学生が障害への関心を深め、障害学生の支援に関する基本的な知識と技術を習得することを目的として、障害学生支援室が本授業を開設している。

　授業の内容を表1に示した。講義は、障害科学の専門教員や保健管理センターの医師などが担当し、75分×10回の授業で1単位が認定される。障害学生や支援学生にもゲストスピーカーとして授業に参加してもらい、障害学生支援に関するより具体的な理解を目指している。

**表1　授業テーマ一覧（平成23年度1学期）**

```
第1回　ガイダンス：共生社会、共生キャンパスとは何か
第2回　障害学生支援の理念
第3回　ボランティア活動とは何か
第4回　視覚障害学生の理解と支援
第5回　聴覚障害学生の理解と支援
第6回　運動障害学生の理解と支援
第7回　発達障害学生の理解と支援
第8回　保健管理センターと連携した支援：こころの問題
第9回　他大学における障害学生支援
第10回　まとめ：共生キャンパス実現の課題
第11回　期末試験
```

### ❷ よくある質問と回答

　本授業では、受講学生からのさまざまな質問に対して、授業担当教員が回答を作成し、フィードバックを行ってきた。ここでは、その回答集の中から、本書の内容を補足する情報として読者にぜひ提供したい項目を選んで紹介する。

第1章 共生キャンパスをめざす授業

＜障害全般＞

## Q1 障害は治療で治らないのですか。

障害は治りません。障害とは、病気などによって生じた心身の機能的・構造的な変化が元に戻らない状態のことをいいます。ですが、人的支援や補助器具などの活用、社会的な対応などによって、障害による困難さを軽減することができるという考え方がとても重要です。

## Q2 障害学生を見ると「かわいそう」「大変そう」と思ってしまいますが、それはいけないことですか。

ハンディキャップのある人や困っている人を見て「かわいそう」「大変そう」と思うことは当然起こりうる感情でしょう。そう思うことがいけないのではなく、そういう思いから障害のある人との関わりを持たなかったり、あるいは避けてしまったり、特別視したりすることの方が残念なことです。障害の有無にかかわらず、相手と関わりを持とうとする気持ちが大切です。

## Q3 大学で手厚い支援が行われると、卒業後、社会とのギャップが大きくなるのではないですか。

支援のある環境で学ぶことによって、どのような支援があれば自分の実力を発揮できるかを障害学生自身が認識でき、社会に出た後自分に必要な支援を求めたり、その環境を自ら作っていくことができるようになります。そのような力を身につけるために、充実した支援を受けることには意味があります。

## Q4 障害学生は支援をしてもらっていることに抵抗はないですか。

筑波大学では、ピア（仲間）によるサポートを重視しています。障害学生は支援を受ける立場だけでなく、支援チームの運営やピア・チューターの養成に携わり、支援学生とともに活動しています。支援学生は支援をするだけでなく、支援を続けていく上で障害学生に精神的に支えてもらうこともあります。互い

83

に支え合う対等な関係が大切です。

＜視覚障害＞

**Q5** **点字ブロックの近くに物があるのも危険なのですか。**

　視覚障害者は、点字ブロックの真上だけを歩くわけではありません。目で確認しながら歩いたり、片足で踏んだり、白杖を左右に振ってたどりながら歩くことも多いです。したがって、周囲に物があるとやはりぶつかってしまいます。点字ブロックの周囲も、荷物を置いたり駐輪はしないでください。

**Q6** **点字ブロックがないところや横断歩道は、何を手掛かりに歩くのですか。**

　点字ブロック以外にも、白杖から伝わる地面の様子や周囲の音などが重要な情報源となります。慣れた場所では、頭の中にある地図のイメージも使います。横断歩道は、音響信号、車音や歩行者の流れなどを手掛かりに渡ります。

**Q7** **電車やバスに一人で乗ることはありますか。**

　一人で電車やバスを利用している視覚障害者は大勢います。ただし、空いている席を見つけるのは困難です。電車やバスの中で、席が空いているのに立っている視覚障害者を見かけたら、空席があることを教えてください。

**Q8** **お金の種類はどのように区別するのですか。**

　硬貨はサイズ、穴や縁のギザギザの有無などの違いを触って見分けます。お札は長さの違いと凹凸の識別マークだけでなく、財布に入れる場所や折り方などで工夫している人が多いです。

## Q9 点字を指先で読むのは大変だと思うのですが、視覚障害者は触覚や聴覚が優れているのでしょうか。

生来備わっている感覚は、視覚に障害があってもなくても同じです。ただし、点字に代表されるように、普段から指先をとてもよく使います。また、人の声の聞き分けや周囲の状況把握、音声パソコンの利用など、聴覚に頼る場面も非常に多いです。さらに外を歩く際には、足の裏で点字ブロックや路面の変化などを感じています。このように、視覚障害のない人があまり使わない感覚を使う必然性があるため、結果として視覚以外の感覚の使い方が上手になっていると言えます。

## Q10 ニュース等の情報はどのように得ているのですか。

テレビ・ラジオのニュース番組や、インターネットの新聞サイト等から情報を得ています。点字や音声版の情報誌もあります。

## Q11 生まれつき全盲の人の色の概念はどういったものなのでしょうか。

実際に色を見たことがないため、色を感覚的に理解することはできません。でも、人の会話や書物の中の表現などを通して、どういう状況でその色が使われているのかを知り、様々な色のイメージや概念、好みなどが作られていきます。

## Q12 盲の人は白杖を持っているので見た目でわかりますが、弱視の人はどうすればわかるのでしょうか。

弱視者も、視野が狭かったり、暗いところで見えにくくなる人などは白杖を使っています。また、視覚障害者であることに気づいてもらう目的で白杖を持つ人もいます。基本的には、手伝ってほしい、理解してほしい時に本人からお願いをするはずです。弱視であることをわかることよりも、「この人、何か困っているかも」と思った時に、お手伝いを申し出てみる気持ちが大切です。

## Q13 視覚障害者の職業にはどういうものがありますか。

　日本では、歴史的にあん摩・マッサージ・指圧師、鍼師、灸師という職業が主流です。他に多い職業としては、教員（盲学校／通常校）、民間企業（PCや電話を使った仕事など）、公務員（公立図書館での視覚障害者サービス担当など）、音楽活動などがあります。また、まだ数は少ないですが、研究者や弁護士、精神科の医師などとして活躍している人もいます。

＜聴覚障害＞

## Q14 日常生活で必要な音情報は、どのように得ているのでしょうか。

　道具による対処→呼び出し音を光に変える機械やアラーム音を振動に変える機械を利用します。警報機などの緊急警報音を、わさびの臭いに変える機械もあります。

　工夫→ON/OFFを視覚的に確認できるように、そばにライトを置いたりします。電子レンジや洗濯機などはセットした時間を記憶している人もいます。

## Q15 自転車のマナーで気をつけることはありますか。

　後ろから来る自転車の音やベルの音が聞こえないので、近づいていることが分からず避けられません。夜間は、ライトを点灯してもらえると気づきやすいです。

## Q16 発音・発語はどのようにして習得するのですか。

　特別支援学校（聾学校）やことばの教室・通級指導教室などで、発音訓練をします。手本となる先生の口の動きと、鏡で見た自分の口の動きを見比べながら練習します。発音器官の細かい動きを習得するために、ウエハースを使って舌の位置を確認したり、ストローを使って息づかいを確認したり、うがいをし

第1章 共生キャンパスをめざす授業

ながら喉の奥の使い方を確認したりもします。

## Q17 コミュニケーションを取るときに注意する点はありますか。

マスクやサングラスは外し、顔・口元を正対します。手話ができるかどうかを気にする前に、まず伝える気持ちを持ちましょう。口を大きく開け、文節ごとに間を取り、筆談やジェスチャーなども併用しましょう。また、大きすぎる声は補聴器では聞き取りにくいため、声を大きくする必要はありません。

グループで話すときは、誰が発言しているかが音だけで判別しにくくなるため、話の内容がわからなくなりがちです。「わかった？」という問いかけだけでは、わかっていなくても反射的にうなずいてしまうこともあるため、話を要約して繰り返したり、キーワードを入れて本人に問いかけをしたりすると、話に参加しやすくなります。

## Q18 日常生活の中で聴覚障害者にどのようなサポートができますか。

筆談をしてほしい：口形だけで全てを理解するには限界があります。紙とペンがなくても、携帯電話やパソコンなどを利用しても良いので、文字で確実に情報がわかるとうれしいです。

警報音・緊急情報を教えてほしい：アナウンスや緊急放送などの音情報は、その内容がわからないだけでなく、そもそも気づかないことも多いです。

## Q19 聴覚障害者は音楽を楽しみますか。

音楽を聴くときには、補聴器のボリュームをMAXにしてヘッドフォンで聴いたり、補聴器用のイヤホンケーブルを使ったり、歌詞カードなどの文字情報を併用したりします。

歌詞を読んだり、声を出して歌ったり、手話で歌ったりして楽しむ人もいます。また、振動を手がかりにリズムを取りながら、太鼓の演奏を楽しむ人もいます。

## Q20　手話は世界共通に通じるものですか。

　音声言語やジェスチャーが国や地域によって異なるように、手話も国や地域によって異なります。

## Q21　手話はどれくらいの期間で習得できますか。

　個人差があります。参考までに、厚生労働省のカリキュラムでは、日常会話習得に80時間、手話通訳はさらに90時間の学習が設定されています。

## Q22　情報支援では情報量が減ってしまうとのことですが、それで授業は理解できるのでしょうか。

　話し言葉には、繰り返しや冗長表現など、無くても意味が通じる部分があります。情報支援では、無くても意味が通じる部分をそぎ落としたり、略語・略号を用いたり、より短い言葉への言い換えを用いるなどしています。そのため、文字数としての情報量は減りますが、授業の学習内容としての情報量は維持されています。聴覚障害学生にとっては、自分一人で得られる情報量よりも、情報支援によって得られる情報量の方が多くなります。

## Q23　要約筆記で書かれた文章（紙やデータ）があるので、聴覚障害学生はノートを取らなくて良いのですか。

　違います。要約筆記は記録ではなく、その場の情報を得るための手段でしかありません。聴覚障害学生は授業中に要約筆記を見ながら、自分の授業ノートをまとめます。

## Q24　授業のテープ録音や文字起こしはしていますか。

　聴覚障害学生支援で必要なのは、「今その場にある音情報を視覚化し、共有

第1章 共生キャンパスをめざす授業

すること」です。出欠確認や質疑など、その場で得ることに意義のある情報も
あるため、テープ録音などは、基本的には行いません。

### Q25 情報支援では、先生の話の要点のみを伝えるのですか。

　情報支援の基本は、聴覚障害学生の「耳」代わりになることです。ピア・チュー
ターは音を視覚化するだけであって、情報の取捨選択をするのは聴覚障害学生
です。先生の余談、学生の声、雷、救急車、パトカー、チャイムなどの音も情
報支援の対象です。

### Q26 情報支援でのミスや内容の漏れにはどう対処するのですか。

　入力・表記ミスは、気づいたときに修正します。
　通訳内容の漏れは、漏れていること（通訳しきれていないこと）を聴覚障害
学生に伝えます。そうすれば、聴覚障害学生自身が資料を見たり、先生に聞い
たりして、理解できるようになります。

### Q27 字が汚くても、パソコンが苦手でも情報支援はできますか。

　モチベーションがあれば、支援は誰にでもできます。
　字の汚さ：必要なのは、きれいな字ではなく読める字です。要約筆記は急い
で書くので、丁寧にきれいに書くことはできません。
　パソコン：タッチタイピングは、練習をすれば確実に習得でき、上達します。
また、タイピングが遅くても、要約技術を身につければ話し言葉のスピードに
追いつけます。

89

＜運動障害＞

## Q28 雨の日など、車いすに乗った人はどのように移動しているのですか。

　車いすで移動する場合、傘が差せないので雨合羽を着ることになります。雨で道が濡れていると滑りやすくなり、危険です。そのため、特に雨の日は車いすを押す人がいると安心して移動できます。

## Q29 大学で運動障害のある学生が不自由に感じることはどんなことですか。

　障害者対応になっていないトイレやエレベーター、段差、スロープの無いエントランスなどがあります。また、多くの自転車が乱雑に駐輪されていると、道幅が狭くなり、視覚障害学生と同様、移動が不自由になります。そのため駐輪の際は、通路や建物の入り口付近を広く空け、駐輪マナーを守りましょう。

## Q30 運動障害に関する身近なバリアフリーにはどんなものがありますか。

　障害者対応の自動販売機：車いすに乗っていても容易に届く高さに商品選択ボタンや商品の取り出し口、複数枚入れられる硬貨投入口があるため、車いすの人でも使いやすくなっています。

　鏡付きのエレベーター：車いすでエレベーターに乗る場合、たいていドアを背にして乗るので、後ろ向きで降りることになります。そのため、ドアが開いたときに人がいないか、何か障害物が無いかを判断することが難しいです。そこで、エレベーターの奥に鏡を置くことで、一人でエレベーターに乗っていても降りる際に外の状況がわかり、降りやすくなります。また、ボタンも低い位置にあるので押しやすくなっています。

　他にも、障害者対応トイレ、ノンステップバス、車いすでも通れる広い改札、映画館やコンサートホールなどにおける車いす用の席、開けやすいレバー式ドアノブなど、身近なところにバリアフリーが進んでいます。

**Q31 古い建物のバリアフリーはどのように進められているのですか。**

　建物が古いと、どうしても構造的に改修が困難な場合もあります。しかし総じて、障害学生が入学すると、環境整備は進みます。

　本人の意見も参考にしながら、優先順位を決めて徐々に改修していきます。近年は大学側の理解が高まったことにより、軽微なものであれば速やかに対応してもらえます。また経費がかかる大がかりなものについては、年次計画に組み込んで検討し、可能であれば順次対応します。

　具体的には、トイレの改修、傾斜の緩やかなスロープの設置、優先駐車場の確保、宿舎の居室の改装などがあります。また、建物を新築する際は、バリアフリー新法に準じています。

＜発達障害＞

 **Q32 発達障害の症状は努力によって改善できますか。**

　発達障害の人の示す症状を問題にするのではなく、その症状による「生活のしにくさ」に注目すれば、いろいろな方法で改善することが可能です。例えば、自閉症障害の人が聴覚過敏の状態を示す場合、周囲の人が静かな環境を用意してあげれば、問題は軽減します。また、どうしても耐えられないときには、「その場から離れる」「静かにするように周囲にお願いする」「耳栓をする」などの対応をすることで、多少騒がしい状況でも過ごすことができるようになるかもしれません。どのような対応が良いのかについては、ケース・バイ・ケースです。本人はもちろんのこと、周囲にいる人や支援を担当する人のアイデアが試されるところだと思います。

 **Q33 親の教育や環境が悪い、本人の努力が足りない状況と発達障害をどのように区別・診断するのですか。**

　生育歴や行動観察、知能検査の結果等から総合的、多角的に判断されます。状態として支援を必要とする程度かどうかがポイントになりますが、総合的、多角的判断が必要といえ、専門的な知識を持った方が介在することが望ましい

と思われます。成人の方でも同様ですが、現在の診断基準は小児期の状態に関するものであり、二次的に生じている困難さとの区別が難しいこともあって、まだ研究が必要な部分といえます。

### Q34 発達障害のある方に接する上で私たちが気をつけることはありますか。

特別な接し方を意識する必要はないと思います。ただ、こちらの意図を伝えたつもりでも十分伝わっていないことがありえます。また、本人の応答が周りから見て不適切なものであっても、故意にそのような態度をとっているわけではないことを理解しておくことが大事です。例えば「私だったら…」といった形で、それぞれの状況での言動を教えてあげるのも、学生同士の関わりでは実施しやすいところではないかと思います。

### Q35 発達障害の人は見た目から判断しにくいと思いますが、どうやって判断すればいいですか。直接本人に聞いてもいいですか。

日常的な関わりの中で発達障害があるかないかを判断することは難しいといえます。一方で、特別な接し方を意識する必要もないと思います。発達障害の状態像は個々により大きく異なるため、同じ障害名が当てはまるとしても一元的にとらえることには誤解が伴いやすいためです。したがって、本人に聞くとしても発達障害があるかないかを聞くことよりも、何に困っているのか、対処方法を知っているのかを聞くことの方が大事です。

### Q36 具体的にどのような支援が必要ですか。

本人の状況に応じて、いろいろな支援が考えられます。例えば、ノートを取ることが困難な場合には、「あらかじめ資料を配付する」「友だちのノートのコピーを許可する」「パソコンの使用を許可する」などです。また、スケジュールの変更があると混乱する学生がいた場合には、スケジュールの変更を事前に書面で通知しておくなどが考えられます。予定等を忘れてしまうことが多い学生に対しては、チェックリスト（自分がやるべき行動のリスト）の作成を援助

し、それに沿って行動することを教えてあげるとよいと思います。

## 第2節 自由科目「障害学生支援技術」とピア・チューター養成講座

### ❶ ピア・チューター養成講座の概要

　筑波大学では、1973年の開学以来多くの障害学生が学んでいる。そして、クラスメイトやボランティアサークルのメンバーなど、学生たちが中心となって熱心な支援活動を展開してきたという歴史的経緯がある。具体的な支援技術とそれを後輩たちに伝達する方法は、学生たちの間で徐々に蓄積されていた。

　このような状況を受けて障害学生支援室では、学生主体の活動をバックアップし、質の高い支援を安定的に供給することを目的として、障害学生支援室主催による支援技術者養成講座を正式に開講することとした。

　障害の種類により、支援ニーズも、それに応じた支援内容も全く異なるため、講座は障害別に実施している。現在は、視覚障害、聴覚障害、運動障害の講座があり、さらに、未経験者対象の基礎講座と支援活動経験者向けのスキルアップ講座に分かれている（**表1**）。

　障害学生支援室では、新入生が入学した直後の時期を中心にピア・チューターの志願者を募り、上記の講座の受講を呼びかけている。

| 日　程 | 種　　別 | 内　　　容 | 備　　考 |
|---|---|---|---|
| 5／21(土)<br>22(日) | ◎視覚　第1回 | 視覚障害の理解、パソコンを用いた基本的な支援の演習 | |
| 5／21(土)<br>22(日) | ◎聴覚　第1回 | ノートテイク及びパソコン要約筆記に関する講義と演習 | 第2回と同一内容 |
| 6／11(土)<br>12(日) | ◎運動 | ニーズ予想、車いす体験、支援技術（トランスファーなど） | |
| 9／10(土)<br>11(日) | ◎聴覚　第2回 | ノートテイク及びパソコン要約筆記に関する講義と演習 | 第1回と同一内容 |
| 11／6(日) | 視覚　第2回 | パソコンを用いた応用的な支援の演習など | 支援活動経験者 |
| 12／3(土)<br>4(日) | 聴覚　第3回 | 手話通訳者養成 | 手話がある程度できる人、支援活動経験者 |
| 1／21(土) | 視覚　第3回 | 社会で活躍する視覚障害当事者の講演会 | |

**表1　ピア・チューター養成講座年間スケジュール**（平成23年度）

### ❷ 障害別養成講座の内容

　養成講座のうち、未経験者対象の基礎講座では、ピア・チューター活動の中で特に比重の高い内容を中心に講習する。視覚障害は印刷物のテキストデータ

化、聴覚障害はノートテイクとパソコン要約筆記、運動障害は移動やトランスファーの介助技術などが中心となる。また、どの障害の講座においても重要視しているのが、障害の理解である。先輩障害学生の講話を聞いたり、障害の疑似体験（目隠しや車いす乗車）をしながら様々な活動を行うといったプログラムを通して、大学生活のどの部分に不便さがあるのかを予測し、どのような支援が有効な手助けとなるのかをより深く学ぶことを目指している。

　一方、支援活動経験者対象のスキルアップ講座では、応用的な支援技術を学習する。例えば、視覚障害では図表の説明の仕方や触る図の作り方、聴覚障害では手話の講習を行っている。

　講師は、各障害の専門教員が担当し、より実践的な指導のために手話通訳士や理学療法士などの専門家を学外から招く場合もある。また、先輩ピア・チューターと障害学生も、カリキュラムの作成や当日のサポートに関わっている。本講座では、大学生たちが無理なく参加できる支援の技術を提供することを第一の目的としているため、実際に支援活動をしているピア・チューターと支援を受けている障害学生が、講座のカリキュラム作りや当日の指導に参加する意義は非常に大きい。

## ❸ 養成講座の授業化

　障害学生支援室では、さらに多くの学生に障害学生に対する支援技術を学んでもらうため、平成20年度よりピア・チューター養成講座のうち未経験者向け講座の部分を「障害学生支援技術」という科目名で授業化し、全学の学生が自由科目として受講できるようにした。**表1**のうち、◎を付した講座が単位認定の対象である。

　授業は、1単位時間のガイダンスと、2日間の集中授業から成る。ガイダンスでは、筑波大学における障害学生支援の考え方と実際の支援状況について説明し、続いて、各障害学生支援チームの学生スタッフが、具体的な支援内容と障害別講座の内容についてプレゼンテーションを行う。受講生は、このプレゼンテーションの内容を参考に、実際に受講する講座を選択する。

　障害別講座は2日間の集中授業で、これを受講すると1単位が認定される。中には、複数の講座を受講する人もいる。

　障害別講座を受講した後、ピア・チューターとしての活動を希望する学生は、所定の手続きを経てピア・チューターとなる。例年7割〜8割の受講生が、本授業の履修の後にピア・チューターとして活動している。

第二部
筑波大学における実践紹介


第2章　ピア・チューター制度を
　　　　中心にした学生の支援活動

## 第1節 ピア・チューター・チームスタッフの活動と活動証明書の発行

　筑波大学の障害学生支援に関する活動は、筑波大学障害学生支援に関する構図に示すように障害学生支援室の教員のみではなく、大学生・大学院生の支援活動により支えられている。この活動は大学内での活動ではあるものの、社会貢献活動のひとつとして捉えることもできる。そのような背景から、筑波大学では、平成20年度より、障害学生支援の活動に参加した大学生・大学院生に対して、就職活動等の際に活動実績を大学外に証明できるよう「活動証明書」を学長名で発行している。

　証明書は、活動の内容に応じて2種類を発行している。一つは、障害学生に対するピア・チューターとしての活動実績に対する証明書である。この証明書は、当該年度において、ピア・チューターとして15時間以上の従事実績のある学生に対して発行される。もう一つの証明書は、障害学生支援チーム・スタッフとして活動した実績に対する証明書である。筑波大学障害学生支援室は、障害種別毎に支援チームが構成されている。現在のところ、視覚障害・聴覚障害・運動障害の各支援チームがあるが、そのチームの運営に関わる活動に関する実績、あるいは障害学生支援室全体に関わる活動（例えば、ピア・チューター養成講座の企画・運営等の仕事）に関する実績に対して発行される。チーム・スタッフとしての証明書の発行は、当該年度30時間以上という条件がある。また2種類の証明書ともに、年度毎に発行される規定となっている。

　平成20・21年度の証明書の発行実績は以下の**表**の通りである。証明書の発行は、学生本人の申請に基づいて行っている。そのため、証明書の条件を満たしている学生であっても、申請をしない学生もいるため、以下の数値がピア・チューター活動の全容を表しているわけではない。

表　ピア・チューター活動証明書の発行数（発行対象人数）

| | ピア-チューターの活動 | 支援チーム・スタッフの活動 |
|---|---|---|
| 平成20年度 | 46（5） | 21（3） |
| 平成21年度 | 42（7） | 16（2） |

＊（　　）内は全体の中に含まれる大学院生の数

第 2 章 ピア・チューター制度を中心にした学生の支援活動

## 筑波大学 障害学生支援に関する構図

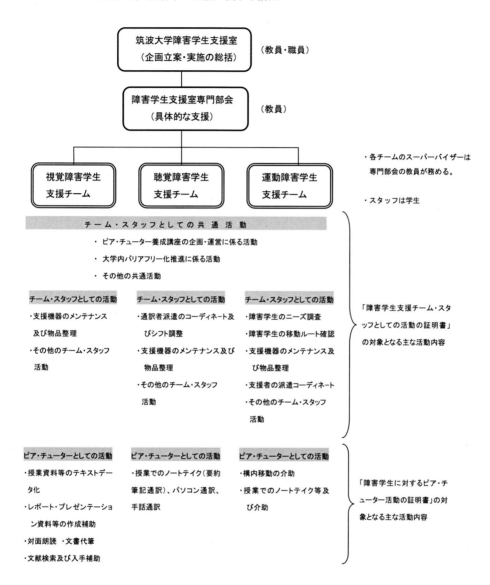

## 第2節 学生による聴覚障害学生支援チームの運営

　筑波大学では、聴覚障害学生が履修する講義に、養成講座（後述）で技術を習得したピア・チューターを派遣し、情報支援活動を行っている。これらの活動は、スーパーバイザー教員からの助言に基づき、学生が主体的に運営している。以下は聴覚障害学生支援チームの2010年度の状況である。

### 1．チーム学生数

　聴覚障害学生25名（学部18名・大学院7名）、派遣ピア・チューター約100名

### 2．運営スタッフ

　チーム学生のうち、学部2～3年生の聴覚障害学生（7名）、ピア・チューター（12名）が運営スタッフを担当している。月1回運営委員会を開催し、活動報告・現状把握・改善に向けた話し合いなどを行っている。

### 3．スタッフの活動内容

● チームリーダー（1名）

　スーパーバイザー教員および聴覚障害専門委員との連絡・ミーティング、障害学生支援室（OSD）との連絡、運営委員会の開催、チーム学生への連絡、その他運営に関する庶務

● 通常講義コーディネーター（1名）

　通常講義派遣シフト作成・調整（後述）・派遣に関する相談対応、CAS（Coordinate Assist System）の開発協力

● 集中講義等コーディネーター（1名）

　集中講義等派遣シフト作成・調整、学内行事の情報支援依頼対応（入学式・卒業式・大学説明会等）

※以上3名を「三役」と称し、その三役が中心となり運営を担っている。またチーム運営にあたって、月に1回、スーパーバイザー教員および聴覚障害専門委員とのミーティングを行い、スーパーバイズを受けている。

● 養成部（5名程度）

聴覚障害学生支援技術養成講座（年4回）（後述）の運営補助
- 企画部（5名程度）

  支援技術の勉強会開催、広報紙の発行、学生交流会の企画運営
- 物品・メンテナンス部（5名程度）

  要約筆記で使う紙やペンの補充・管理、パソコン要約筆記で使うノートパソコンのメンテナンス・管理

## 4．コーディネート業務について

本学聴覚障害学生支援チームにおけるピア・チューター派遣のコーディネートの特色は、次に挙げる2点である。一つめはその業務を学生が担当している点、そして二つめは、チーム内で独自に開発したコーディネート支援ソフトCAS（Coordinate Assist System）を、業務の一部に使用している点である。

コーディネートは現在、通常講義コーディネーター・集中講義等コーディネーターとよばれる2名の学生が担当している。前者は通常講義への派遣コーディネートを、後者は集中講義等への派遣コーディネートを行っている。通常講義のコーディネートの流れについては以下の通りである。

- 通常講義のコーディネート

①学期開始前に、聴覚障害学生には「支援依頼日時」を、ピア・チューターには「支援可能日・時限」をCASに入力するよう連絡する。

②①で入力された情報に基づき、CASプログラムによる自動コーディネートを行う。（後述）

③CASによる自動コーディネート結果について、通常コーディネーターを中心に三役で検討し、調整を行う。通常講義については、ピア・チューターの精神的・身体的負担を考え、1名につき「1日1コマ、週に3回まで」という規則を設けているため、コーディネートもその範囲内で行う。

④聴覚障害学生とピア・チューターに対し、三役が分担してコーディネートの結果をメールにて連絡する。

⑤学期開始後に変更や要望が生じた場合、そのつど通常コーディネーターが再度調整を行う。

## 5．CAS（Coordinate Assist System）

- CAS開発の経緯

聴覚障害学生支援チーム構成員の規模が年々拡大するにつれて、支援のコー

ディネートを学生2人で担うには非常に負担が大きく、ミスが起こりやすい状況になった。そのためコンピュータを利用したコーディネートソフトの開発が求められるようになった。

従来のコーディネート作業の流れは以下の通りである。

①聴覚障害学生から支援依頼を受け取る。

②ピア・チューターから支援可能日・時限を受け取る。

③聴覚障害学生とピア・チューターの予定をすり合わせ、シフトを作成する。

④聴覚障害学生とピア・チューターに、コーディネート結果を報告する。

⑤必要に応じて再度調整を行う。

さらに、これらの作業の際には以下のような情報を考慮する必要があるが、チームに所属する学生の増加に伴って、手作業でのシフト作成が困難になってきた。

・聴覚障害学生とピア・チューター双方の希望

・講義の特徴（専門分野や形式等）

・ピア・チューターの所属（なるべく専門分野に近い講義に派遣するため）

・ピア・チューターが前後に受けている講義の場所

上に述べたような理由から、2008年度より、テクニカルスタッフとよばれるチームスタッフを中心としてCAS開発が始まり、2009年度から運用が開始された。開発は、スーパーバイザー教員、テクニカルスタッフと三役が協力する形で進められた。

●CASの機能

コーディネートを行うにあたって、CASに必要な機能は以下の通りである。

①利用学生とピア・チューターの個人情報（所属や連絡先、支援に対する要望等）の管理。

②WEB上での支援依頼と支援可能日・時限の受付。

③コンピュータを利用したシフトの自動生成。

④派遣内容確認メールの自動配信。

しかし、コンピュータによるコーディネートでは、講義の形式や個人の性格、相性などの詳細情報や、「1日1コマ、週に3回まで」という原則を反映することは今のところできない。そのため現時点では、CASとともに従来の手作業方式を併用してコーディネートを行っている。

一方、CASの開発によるメリットは、コーディネートに関する情報のデータ化の時間が大幅に短縮され、情報管理が容易になったことである。それによ

り、コーディネート全体の作業時間が大幅に短縮された。最終的には通常講義に関するコーディネート作業をすべてCAS上で行えるようにすること、集中講義のコーディネートでもCASを利用できるようにすることを目指し、現在も開発を進めているところである。

## 6．ピア・チューターの養成

聴覚障害学生に対する主な情報支援として、教員が話す内容をルーズリーフに書き留める（要約筆記）、パソコンに打ち込む（パソコン要約筆記）、あるいは手話通訳を行っている。本支援チームでは、ピア・チューター登録希望者が情報支援の技術を習得するために、年に4回の養成講座を学生対象に開催している。1回の養成講座は2日間で行われ、要約筆記の養成講座では①聴覚障害について、②要約筆記について、③パソコン要約筆記について学ぶ。以下、この3項目について簡単に紹介する。

①聴覚障害について

ピア・チューターになりたいと希望する学生は、様々な専門分野に所属している。なかには聴覚障害を持った人と接したことがない学生もいる。そのような学生にも、聴覚障害学生支援を行うにあたって最低限知っておいてほしいことを養成講座の最初に学ぶ。支援をする際、聴覚障害の知識があることで聴覚障害学生と円滑にコミュニケーションができ、ニーズに応じた、より質の高い支援をすることができるようになるからである。

②要約筆記について

要約筆記とは、講義で教員が話す内容をルーズリーフに書き、聴覚障害学生に伝える方法である。一般的に、要約筆記では話し言葉全体の約20％にまとめて文字化する。そのため養成講座では、話している内容をまとめる（要約する）技術を学ぶ。実際の講義には2人1組で派遣されるため、2人連係要約筆記の実技練習も行う。

③パソコン要約筆記について

パソコン要約筆記とは、講義で教員が話す内容をパソコンで入力し、画面に提示する方法である。熟達者だと話し言葉全体の約70％を文字化できる。本学では、パソコン要約筆記にIPtalkと呼ばれるソフトを使用しており、養成講座ではソフトの効果的な使い方について学ぶ。また、ネットワークを利用した2人1組での連係入力方法も学ぶ。

養成講座の講師は基本的に、チームの上級生が担当している。なお年4回の

養成講座のうち、要約筆記の講座では受講対象の条件を設定していないが、手話通訳者養成講座では、支援チーム内で手話通訳の基礎を勉強した学生を対象としている。

　養成講座終了後、希望に応じて支援チームスタッフが受講修了者を対象に勉強会を開催している。勉強会では、練習不足だった内容の復習を行ったり、ピア・チューターとして初めて派遣される不安を解消できるようにしている。

　ピア・チューター登録希望者からは、「手話ができないと聴覚障害学生支援チームに入れないか？」という質問がよく寄せられる。しかし、手話ができなくても、聴覚障害学生支援チームに入ることができる。チームには、手話が使えない聴覚障害学生やピア・チューターもいる。コミュニケーション手段は、手話だけでなく筆談もあり、チーム内で手話を勉強する機会も設けている。

## コラム 聴覚障害学生の声

**（Aさん　学類4年）**

　私が初めて情報支援を体験したのは、高校1年生の時だった。たまたま情報支援を知った母から、「試してみたら？」と提案されたのがきっかけであった。その時は、情報量が少なく、準備が煩わしかったこともあり、特に情報支援の必要性を感じず、体験だけで終わってしまった。しかし、現在の筑波大学に入ってからは、毎日情報支援を受け、「授業を受ける・参加する」にあたって、必要不可欠な存在となった。

　私は、両耳の聴力が約95dBで、幼児期は聾学校に、小学校から高校まで通常学校に通ってきた。もちろん情報支援はなく、授業中は板書を写すか、教科書を読むか、ボーっとしているかのどれかであった。そのため、「先生は何のためにいるのだろう？教科書と同じことを話しているだけでは、先生がいる意味はないだろう」とずっと思ってきた。このように、授業の楽しさを知らないまま過ごしてきた私にとって、大学に入って初めて情報支援を受けた時の衝撃は今も忘れられない。「やはり全部が全部大切な情報ではない」と感じた一方で、「先生が話している内容だけではなく、周囲の学生とのやり取りまでわかるなんてすごい!!」と、自分にとってわからないのが当たり前であったことが「当たり前ではない」という大きなショックを受けると同時に感動した。この時、小中高と過ごしてきたなかで、先生とクラスの皆が笑う度に「どうして皆笑っているの？とりあえず私も笑わなきゃ……」と、何度も作り笑いしていた悲しい経験を思い出した。しかし大学では「その場の雰囲気を皆と一緒に共有できる」幸せをいつも感じることができた。情報支援の特性であるタイムラグによって、周りと笑うタイミングがずれてしまい、笑い声をこらえるのが大変だったことも良い思い出の一つである。

　小中高の授業では、先生の口形を読み取りながら、教科書や板書の内容を照らし合わせることで、何とか内容を理解してきた。しかし大学では、教科書や板書があまりなく、基本的に先生の口頭説明で講義が進められる。口形を読み取るだけでは、受け取れる情報量に限界があるばかりではなく、私自身にとって身体的・精神的にかなりの負担が生じる。ここで、要約筆記やパソコン要約

筆記があることによって、得られる情報量が格段に増え、ピア・チューターから伝えられる情報を自分のペースで読みながら、同時に先生や周りの様子を見たり、ノートを取ったりすることができるようになった。最初は、次々と提示される情報を常に目で追うのは大変だったが、慣れてくると自分自身で情報の取捨選択をしながら、ノートをまとめる余裕もできた。

　こうした情報支援を通して、多くのピア・チューターに出会い、支えて頂いた。そして、安心して授業を受け、聞こえる学生と同じように楽しい大学生活を送ることができたことは、私にとってかけがえのない大きな財産となっている。これから先もっと情報支援が広まり、私と同じように「講義を受けられる喜びや楽しさ」を味わえる聴覚障害学生が一人でも増えることを願っている。


**（Bさん　学類4年）**

　私が情報支援を知ったのは高校1年生の時だった。筑波大学障害科学類による高校生対象の説明会でパソコン要約筆記を受けた時である。壇上にいる人の話が映画のスクロールのように文字で映し出されていくその光景に「これがパソコン要約筆記なのか」と感動するとともに、通訳者のタイピングの速さに驚いたことを今もはっきりと覚えている。入学した後もOSDの職員が「筑波大学は支援学生と障害学生お互いが成長していく組織作りを目指しています。それを担うのがOSDなのです」と話していたことが大変印象的だった。このように支援のコンセプトがはっきりしている大学に入れた自分は幸せなのだなと改めて考えた日のことも、昨日のことのように覚えている。

　大学1年の時期は講義の数が多かったこともあり、とにかく毎日ピア・チューターと共に講義についていくことに必死だった。しかしそれと同時に、手話を覚えようとする友達にも恵まれ、ピア・チューターとも交流でき、自分の世界や視野がぐんぐん広がっていることを体感できた時期でもあった。聴覚障害学生の先輩方からも、1）支援を受けることの意味、2）聴覚障害学生としてどう動くべきか、3）支援学生とのつき合い方、4）同じ立場である聴覚障害学生とのつき合い方（いかにして相互の違いを認め、受け入れ、かつ自分のニーズを伝えていくべきか）を学ぶことができた。

　先生方にもあらゆる場面で様々な配慮をしていただけたおかげで、それまで「どうしたらなるべく迷惑をかけないですむか」を考えていた自分がいたことに気づくことができた。また「ここまで人間は他人に対して寛容になれるのだ」と感動することもでき、ギブアンドテイクの意味を深く考えさせられた。

このように大学1年の時に考えさせられたことは、今も自分の考え方の基盤になっているように思う。支援をお願いすることによって、やっぱり自分は障害者なのだなと気づかされ、それに関するジレンマもあった。

しかし今思えば、そのジレンマのきっかけを与えてくださったのも、悩み哀しむ自分を支えてくれていたのも、ピア・チューターをはじめとした自分に関わってくださったすべての方々だった。自分が大学で得られたものは「テイク」だけだと思う。これからは皆さんにいただいたギフトを、周りの人達に返せるように行動できる人を目指して頑張りたいと思っている。それが私の今後の目標である。

## FMシステムの活用

### （Cさん　学類4年）

私が使用したFMシステムは、A社のFMシステムである。講義や研究室のディスカッションなど、幅広い場面で使用していた。講義では、講師にFMマイクを1台持ってもらった。講義の使用においては、特に問題を感じなかった。また、研究室では、FMマイク4台を使用していた。このFMシステムでは、いちどに複数のFM送信機を使用でき、より円滑に討論を進めることができた。しかし、一度に複数の音声を受信機に送ることができないため、議論が激しくなり複数の人が同時に話すと、音声が全く受信できない事が度々あった。したがって、聞き返さなければ議論が理解できなくなり、そのつど、ディスカッションを中断するという問題があった。

これまでのFMシステムでは、1台の送信機しか使用できないのに比べ、このFMシステムは複数の送信機を使用できる点にメリットを感じた。しかし、このメリットを最大限に活かすためには、やはりディスカッション参加者からの理解と協力が不可欠であるように感じる。具体的には、FMシステムを使用しても完全にディスカッションについていけるわけではないことへの理解、聞き取りやすい話し方・FMシステムの正しい使い方・容易に聞き返しができる環境作りへの協力が不可欠であると思う。

このように、FMシステムを活かす上で、周囲の理解が得られる環境は非常に重要だ。研究室以外の場で、同学年の初対面の学生とグループ討論する機会があった。初対面であったが、同じ学生として親しみを持つことができ、コミュニケーションも円滑に行うことができた。このような環境では、FMシステムを大変よく活用することができ、私も積極的に発言することができた。

●FMシステムを使用する上での工夫

　A社のFMシステム送信機は、マイクをつける位置が非常に重要で、少しでも離れすぎたり、マイクの向きが変わると音声が入りにくくなる。したがって、ディスカッションを始める前に、マイクの使用方法を十分に分かりやすく説明し、FMシステムを使用しても完全に聞き取れるようになるわけではなく、聞き返しが必要になることを繰り返し話した。ディスカッション中でも、問題が生じた時は、できるだけすぐに知らせるように心がけた。

## 第3節 キャンパスのバリア調査とバリアフリーマップの作成

　段差、スロープ、点字表記、トイレや施設へのアクセスルートなど必要な情報を記載して、障害のある人や高齢者などの移動や行動を支援する特徴を持つ地図は、バリアフリーマップあるいは福祉マップと呼ばれる。市町村等で様々な地図作りの取組みが行われている。

　大学等でも同様の試みはされている。国内では例えば京都大学身体障害学生相談室がキャンパス内の建物間のアクセスルートを調査し、車いすで目的地までどのルートを選択すれば良いかをわかりやすく図示しているため、フリーアクセスマップと呼んでいる。関西大学ではボランティアセンターが棟内のトイレ、エレベータの位置や、教室のドア特徴（押戸・引戸など）を記入した福祉マップを作成している。大阪大学は工学部がキャンパスアクセスマップを作成している。

　筑波大学障害学生支援室では、つくば市にある筑波キャンパスのうち、主に学習・講義棟についてアクセシビリティの調査を行った。調査の対象としたのは、教室、トイレ、エレベータ、建物エントランスである。施設外環境のバリアや動線の調査については、2年次に実施していく。

　調査は運動障害学生支援チームと視覚障害チームのピア・チューターが担当した。調査者は事前にオリエンテーションを受け、調査項目と記録の採り方について説明を受けた。調査用紙は、項目と対象場所の概略図を描く部分で構成されており、あらかじめ定められた項目を記入すると同時に気づいたことを図で描き込んだ。同時に調査者はカメラを携行し、調査事項について写真でも撮影し資料が残るようにした。

　収集された情報は整理・蓄積された。2年次以降には一部のエリアについて再調査し、データの更新を行う。このようにして、数カ年でキャンパスの調査が更新されるように計画している。というのは、本調査の目的がマップ作成に留まるのではなく、改修必要箇所の総合的な把握にもあるからである。広大なキャンパスを一気に調査するのは難しい。またいったん調査しマップを作っただけでは、数年で情報の価値がなくなる。施設内外の環境は毎年少しずつ変わってしまうため、どのように改修提案に結びつけるかにいつも悩まされていた。

そのための苦肉の策がこの手順であると考えて欲しい。

　得られた情報の一部は、「筑波大学キャンパスマップ」という70ページほどの小冊子に反映されている。また図1～3に掲げたようなホームページとしても公開した。利用者はトップページから求めるエリアあるいは講義等を選択し、教室をクリックすると、調査項目の一部と現場の写真が提示されるようになっている。これによって利用者は、目的地の位置や利用しやすいかどうかを確認することができる。ホームページとして公開することにより、再調査したデータを更新できるようにしている。

　調査量が多いため、初年度には施設内を調べ、2年次には建物間の動線について調査を行う。この結果については改めて公開していく予定である。

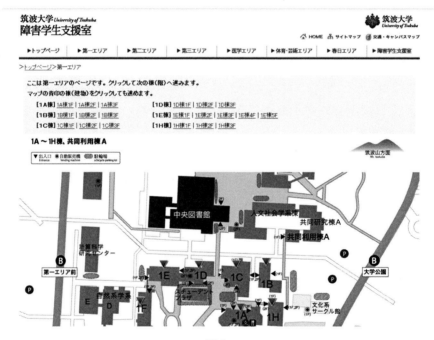

図1

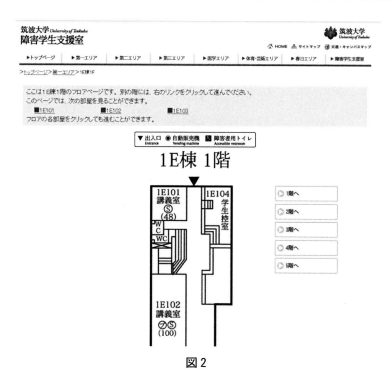

図2

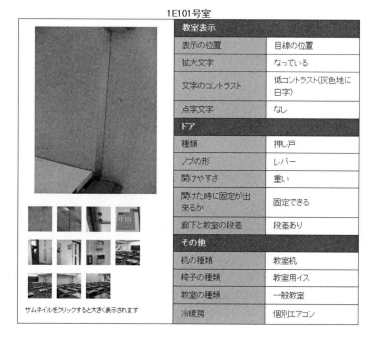

図3

## コラム 障害学生と支援学生の保険

　障害学生を支援あるいは介助する際に、何らかの事故が生じることも想定しなければならない。ボランティア活動については一般にボランティア活動保険があり、低廉で入りやすい保険として知られている。では私たちのような障害学生支援を大学の活動として行う場合には、どのような保険があるだろうか。

　筑波大学の障害学生支援システムは、学内の障害学生支援室という組織として置かれており、これに教職員と学生が関わっている。ここで例えば障害学生支援に関わる教職員や学生が加入するとして、次のような保険がある。

１）学生教育研究災害傷害保険（略称：学研災）と付帯賠責、付帯学総
２）国立大学法人総合損害保険制度（略称：国大協）
３）施設賠償責任保険（特約）

　３）は臨床活動や各種教育・研究活動を行う際に保険会社と契約したものなので、ここでは省く。

　筑波大学では、入学時に「学生教育研究災害傷害保険」（略称：学研災）に加入することとなっており、費用を大学が負担する。これにより学生は正課中、学校行事中、課外活動中、通学を含む移動中の事故に対して、廉価の保険料で一定程度の補償を受けることができる（例えばＡタイプ死亡保険金最高額2,000万円の場合、昼間部の学生の掛金は１年間で650円；2011年２月作成資料による）。

　しかしこれは自らが被った自己被害に対する補償である。他の人を怪我させたことに対する対人賠償や、物を壊した損害に対する対物賠償は、「学研災付帯賠償責任保険」（略称：付帯賠責）に加入することが必要となる。これは上記の学研災に付加するかたちで加入できる（例えばＡコースでは年間340円の付加で対人賠償・対物賠償合わせて最高限度額１億円、免責金額０円）。他者介助の機会を持つ学生については、ここまでの保険に入ることが必要である。なおさらに保険適用の可能性や柔軟性を高める必要のある場合には、学研災付

帯学生生活総合保険（略称：付帯学総）もある。状況によって、付帯賠責あるいは付帯学総への加入を選択することになる。

もう一つ、「国立大学法人総合損害保険制度」（略称：国大協）を利用する方法もある。これは大学の教職員ならびに大学との雇用関係を結ぶ学生に対して適用される保険であり、短期雇用学生も含まれる。障害学生支援室のピア・チューター制度は有償システムなのでこの雇用関係に該当し、介助を含めた諸活動における事故を補償することができる。障害学生支援室ではピア・チューターを養成し名簿登録しており、この名簿に登載された学生が補償の対象となる。この保険では、学生に掛金の負担が生じない。

ここで注意しなければならないのは、ピア・チューターとして登録していない学生が起こした事故には適用されない点である。また無償を基本とした支援制度を採っている大学等でも同様であり、国大協保険は使えない。しかしピア・チューターとしての関係以外でも、身近な友だちに介助を依頼するようなことはたいへん多く生じるし、そのような気軽で身近な関係とピア・チューターが併存する仕組みが大切である。

障害学生支援室としては、ピア・チューターとして登録された学生には国大協保険あるいは付帯賠責・付帯総合保険を適用するとともに、障害学生のクラスメイトなど身近にいる学生には、学研災・付帯賠責を積極的に紹介するよう努めている。また同時に、障害学生本人に対しても自らが付帯学総保険に加入することにより、たまたま傍にいて介助に関わった学生が保険未加入者であっても事故に対応できるよう、リスク対応を奨めることにしている。

＜参考＞
学生教育研究災害傷害保険のホームページ（日本国際教育支援協会）
http://www.jees.or.jp/gakkensai/

## コラム ピア・チューターの声

　障害学生の支援をしていることを「すごいね！ えらいね!!」とほめてくださる方がいる。ほめられればうれしいし、ありがたい。しかし僕は自分が行っている支援を「すごいこと。えらいこと。」とは感じていない。他の多くのピア・チューターも同じように思っているのではないだろうか。

　僕が障害学生を支援するようになったきっかけは、同じクラスに車いすを使う友人がいたことだ。出会って間もない頃から、僕は彼の友人として、授業のための準備や後片付け、授業間の移動、食堂で食事の準備、休憩時間に自販機で買い物……などを普段の生活のなかで当たり前のようにお手伝いしていた。僕が彼を手伝うばかりでなく、僕が彼に手伝ってもらうこともたくさんあった。授業でわからないことを教えてもらったし、彼が運転する自家用車で遠方まで買い物に連れて行ってもらったこともある。どちらかから一方的に手を出すのではなく、お互いに助け合っていた。

　やがて、僕はピア・チューターとなり、その友人とは別の多くの障害学生たちと出会い、彼らを支援するようになった。「障害学生」と言えば一言だが、ひとりひとりはそれぞれ個性的でおもしろい。学年や性別、持っている障害の種類や程度、専門とする学問など様々だ。僕は主として授業中に、彼らのニーズに合わせて様々な方法で支援する。それだけでなく、僕は彼らとの関わり合いを通して、多くのことを感じ、考える機会をもらっている。

　「障害学生支援」と書くと、なんだか特別なことをしているように見えるかもしれない。たしかに、支援には特殊な技術が必要な場合はあるだろう。しかし、支援することそれ自体は特別なことではない。同じキャンパスに学ぶ仲間をお互いに支え合う。ただそれだけのことだ。
　仲間どうしが支え合うことに特別な理由はいらない。支え合う仲間は多い方が心強い。

第二部
筑波大学における実践紹介

第3章　教育組織による支援

## 第1節 教育組織による入学時の相談活動

　筑波大学では、障害学生が入学するときには入学時相談会を教育組織の責任で実施している。

　学群の学生の場合、入学手続き完了後、大学の事務局から相談会開催の連絡をする。

　相談内容は入学後の学習支援の方法で、例えば聴覚障害の場合、外国語のリスニングの科目をどうするか、運動障害の場合、体育はどのような種目を履修するか等について、学生、保護者、クラス担任、障害学生支援室員、関係事務局等が一堂に会して相談する。また、この場で、ピアチューター制度など大学の支援制度についての情報提供をする。

**入学時に実施する支援に関する相談会**
**（教育組織の長が招集）**

クラス担任
外国語センターのスタッフ
体育センターのスタッフ
担当事務

ニーズの把握
全学的支援体制の説明
具体的な支援の相談

障害のある
新入生保護者

障害学生支援専門委員
（専門的見地からの助言）

図　入学時説明会

第 3 章 教育組織による支援

**入学時相談に基づく、教員への配布文書の例**

〇年〇月〇日

××学類　障害学生支援委員会

## 視覚障害学生の授業に関するお願い

　今年度の××学類新入生の中に、強度弱視で、学習の際には点字を使用する学生がおりますので、先生方には授業等での配慮をお願いいたします。当該学生は、××学類 1 年の〇〇〇〇で、視覚特別支援学校で教育を受けてきた学生です。

　××学類として、本人を含めて関係者が集まり、今後の学習支援について検討しました。本人の状況、および先生方へのお願いは以下のとおりです。

### 1．教科書等の準備について

　教科書は、点訳または音訳が必要です。

　一部の教科書は学外の専門点訳グループに依頼して点訳しますが、その他は、「視覚障害学生教育・研究支援室」に整備されているスキャナとパソコンを用いてテキストデータにし、さらに点訳ソフトで点字化します。いずれにしても時間がかかりますので、できるだけ早い段階で、使用する教科書を本人にお知らせください。

　また、授業の計画に合わせて、すぐに使用するページから順に点訳したり、あるいは点訳必須の部分だけを選定して点訳するといった工夫が必要な場合もあります。この点について、本人が質問に伺うことがあります。

### 2．授業用に先生方が作成される資料について

　視覚障害学生は、画面の文字を音声に変えるソフトが組み込まれたパソコンを利用して、普通文字を読み書きすることができます。そこで、パソコンで作成された資料は、電子メールの添付ファイルとして本人にご提供ください。メールアドレスは、×××××です。

　電子化されていない資料（本のコピーや図版など）は、プリントを早めに頂くことで、点訳等の対応ができます。そのための「原稿入れ」引き出しを、××事務室前のメールボックスに準備致しましたので、資料を可能な限り早く

入れてください。その際、資料を入れた旨、上記メールアドレスへお知らせいただけますと幸いです。なお、授業時に一般学生用のプリントを、視覚障害学生にも配布してください。

### 3．板書について

　可能な限り、板書内容を読み上げてください。ただし、話していることの補足の意味での板書はその限りではありません。また専門用語については、日本語（漢語）ならどのような漢字を使うか、外国語ならスペリングを説明してください。

　板書を指し示しながら、「これ」「あの」等の指示語が使われると、黒板を見ることができない学生にとっては、大変理解しにくくなります。できるだけ、指示語を具体的な言葉に置き換えて説明してください。

### 4．視聴覚機器、パソコンの使用について

　パワーポイントを使用する場合は、事前に内容を点訳するか電子テキストにしておくと、画面を見なくてもある程度理解できます。したがって、配布資料と同様、パワーポイントの電子ファイルを早めに学生にお渡しください。なお、説明をする際には、板書の場合と同様、指示語をできるだけ避けてください。

　ビデオは、音声だけで理解できるものなら問題ありませんが、中には字幕の読み上げや画面の説明が必要な場合もあります。周りの受講生に余裕があればその役割を学生に担ってもらうことも可能です。学生に余裕がない場合は、本人が学習補助者とともに授業に参加することも考えられます。

　LL教室の機器は、事前に操作の説明をしたり、スイッチに点字シールを貼るなどの工夫により、支障なく使える場合も多くあります。

　情報処理の授業を他の学生と一緒に行うことは困難です。マウスを使わず、すべてキーボードで操作し、画面の内容を音声と点字ディスプレイで確認するという独特の方法を踏まえて、それに適した端末と指導方法を用意する必要があるためです。この点は、障害学生支援委員が御相談させていただきたいと思います。

### 5．授業中の提出物

　授業時間内に意見や感想、出席カード等を提出させる際の方法としては、①点字で提出させる、②授業後にパソコンで（普通文字で）書いたものを提出さ

第 3 章 教育組織による支援

せる、③簡単なものであれば他の受講生にその場で代筆してもらうなどがあります。適宜本人と話し合って決めてください。

### 6．録音

内容によっては点字によるノートテイクが間に合いませんので、復習のために録音の許可をお願いすることがあります。

### 7．テスト・レポート

テストは「点字出題・点字解答・時間延長・別室受験」が原則です。試験問題の点訳、点字解答の活字訳については、お早めに障害学生支援委員に御相談ください。

ただし、場合によっては別の方法での実施も可能です。例えば、短い問題文であれば、試験時間の冒頭に監督者が読み上げ、本人がそれを点字で書き取ってから解答を始めることも可能です。また、時間延長や別室受験が不要な場合もあります。点字の解答を、試験終了後に本人に読み上げさせる方法もあります。

レポートは、原則として本人がパソコンにより普通文字で作成して提出することができます。ただし、この作業には大変時間がかかりますので、時間に追われているときは、とりあえず期限内に点字レポートを提出し、後から普通文字のレポートを提出することを認めていただく必要があるかもしれません。

### 8．掲示

視覚障害学生は通常の掲示板を確認することが困難です。教室変更や休校などの情報は、事前に電話やメールなどで、本人に直接お知らせいただくようお願いいたします。

### 9．その他

各授業ごとにさまざまな問題が起こると思われますが、随時本人と話し合っていただくことが一番大切です。また、障害学生支援委員にも御相談ください。

---

＜参考＞
障害学生支援室：http://www.human.tsukuba.ac.jp/shien/index.htm
鳥山由子監修、青松利明・石井裕志・青柳まゆみ編(2005)視覚障害学生サポートガイドブック．日本医療企画．（中央・医学・体芸・大塚図書館所蔵）

# 第2節 運動障害学生の化学実験の支援

　筋ジストロフィーによる運動障害学生（化学専攻）の化学実験の授業のために、化学系の教員、障害学生支援室専門委員が協力して支援を行った。

　この学生は、電動車いすを使用しており、車いすがつかえて実験台に手が届かなかった。そこで、一般の実験台に組み合わせて使う実験台を考案し、工作センターのスタッフが完成させた。また、実験の際には、この学生の上肢の可動域内で実験操作を行うことができるように実験方法や器具を工夫し、この授業をすでに履修した上級生が、教員の指導の下に実験支援を行った。

① 電動車いすと化学実験台をつなぐ台を考案し、工作センターが作成した。

　　　　試作中　　　　　　　　　　　　　　完成品

② 上肢の可動域がたいへん狭いため、可動域に対応した実験器具の工夫によって、実験を遂行することができた。

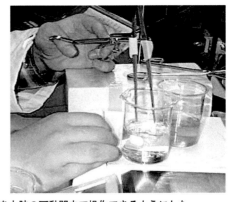

ピンセットにるつぼばさみをとりつけ、ピンセットを上肢の可動閾内で操作できるようにした。

# 第3節 医学専攻の聴覚障害学生の支援

　2001年に医師法が改正されて、聴覚障害のある者にも医師免許を取得できる可能性が出てきた。このため医学部に聴覚障害を持つ学生も入学するようになり、医学専攻の学生に対する特別な支援の必要性が生じるようになった。しかし聴覚障害を持つ医学学生はまだ少なく、学部としての支援の経験も豊富であるとはいえず、受け入れた学部が独自に手探りで対応を模索している状況である。筑波大学における支援の経験について解説する。

## 1. 医学専攻の学部のカリキュラム

　筑波大学における医学専攻の学部（医学類）のカリキュラムを図示した（**図**）。授業の形式としては、①通常の講義のように黒板に板書する、あるいはパワーポイントなどを使って行われる講義以外に、②チュートリアル形式（数人程度の少人数の学生にテーマを与えてグループ討論の形で授業を行うもの）、③臨床実習、などの、医学専攻特有の授業形式がある。特に近年では、多くの医学

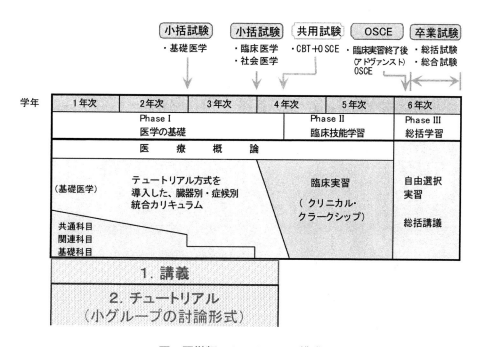

**図　医学類のカリキュラム構成**

部でチュートリアル形式の授業が多く取り入れられるようになっている。

## 2．通常の講義

　教員が板書あるいはパワーポイントを使って講義を行う。パワーポイントのプリントアウトのレジメが配布されたり、教員の読話（唇の動きによって会話を理解する方法）によってある程度の理解が可能であるが、プロジェクター使用時に照明が暗くなると読話が困難になることもあった。ボランティアのパソコン通訳による支援を行ったが、専門用語の通訳には難儀した。学生達が授業の内容を筆記して解説したものがあり、それも参考になった。

## 3．少人数ディスカッション形式（チュートリアル）の授業

　通常の講義と平行して、あらかじめ作成されたシナリオを読んで、問題点、必要な知見などを抽出して、学生同士で討論してわからない点を自習する形式の授業である。1グループは8人であった。パソコン筆記要約のボランティア学生2人によるパソコン通訳による支援を行った。問題点として、学生が8人いるので、対面できない学生は障害学生本人は読話ができず理解が困難であった。また同時に複数の学生が話す場合も困難であった。解決策として、発表する時は前もって調べた内容をできるだけ印刷して配布するようにした。

## 4．解剖学実習

　解剖の実習と口頭試問（2回）を行った。手話通訳あるいはパソコン通訳は解剖実習室には入らなかった。　班に分かれて解剖の実習を行った。学生からの支援・協力として、班員の学生は当該学生の顔を見てゆっくりと口をはっきりと動かして話すことを、実習開始前に打ち合わせて確認した。　しかし、実習中では、討論についていけないことは現実的に多かった。教員からの支援として、なるべく頻繁に当該学生に立ち寄るようにした。また、専用のホワイトボード（50cm×30cm程の大きさ）を脇に常備して筆記したり、専門用語やイラストを図示した。当該学生も時にはホワイトボードを用いて質問を行った。小講義形式の補足説明の際には、説明の後に理解の確認を行い、さらに補足の説明をホワイトボードを利用して行うこともあった。

第3章 教育組織による支援

## 5．臨床実習における問題点

　臨床実習では、**表**に示した内容の実習を行う。臨床実習の期間には、手話通訳の方に1日3時間程度支援に参加していただいた。

```
A. 患者さんの診察
B. 回診・症例検討会・カンファランス
C. 聴診
D. 手術室実習
E. X線・画像資料の読影
F. 外来実習
G. 呼び出し（PHSによる）
```

表　筑波大学医学類における臨床実習


## A．患者の診察

　患者から病気についての話を聞き（病歴、症状など）、診察し、カルテに記載したり、研修医や上級医に報告、討論する。1対1の対話式の会話であれば、読話と筆談を用いて患者さんの話はほぼ理解することができた。筆談が困難であれば患者さんの協力のもと、手話通訳が入るが、幸いほとんどの患者さんの協力を得られた。問題点としては、聴覚障害があることを理解してもらうことが難しい患者がいたり、術後、安静度、認知症、患者側の障害などで筆談ができない場合には、コミニュケーションが取りにくいこともあった。目標としては、医師になったときに補助無しで1対1で対話ができ、チームと情報共有ができることを心がけた。


## B．回診、症例検討会、カンファランス

　これは教授やスタッフの前で発表したり、患者の診断、治療などについて議論するものである。討議室で、スタッフ（教授ほか）の前で発表したり、説明を聞いたりする。病棟ではベッドサイドで患者にスタッフが説明するときには手話通訳がついた。一人が話す場合は、通訳者が適切な位置にいればほぼ十分に理解できた。問題点・困難な点としては、同時に複数の人が話したり、小声、早口、専門用語を多用すると、手話通訳が捕捉できなくなることがあった。小声で聞きにくい場合は、話す人に手話通訳者のみに伝わるマイクをつけた。また患者を囲んでの病棟回診（患者のベッドサイドで会話をする）では通訳が適切な位置に常に移動できるとは限らず、手話には限界があった。また患者さん

123

と医師の会話は声が小さく、通訳に聞こえないことがあり、医師同士の会話も通訳は聞き取りにくい。また、ときに診療グループ全体、病棟（看護師）に「聴覚障害学生」がローテーションしていることが伝達されていない場合があった。解決方法としては、複数同時会話、対面していない会話、早口、小声は是正をお願いした（が、必ずしも解決しない場合もあった）。専門用語は、通訳の方に理解が困難であった（特に科が変わった直後で通訳が慣れていない場合は特に）。用語の最初の音だけを手話で通訳してしのいだりした。

### C．聴診

心音、肺音（呼吸音）、血圧測定を聴診器を使って聴いて診断するものである。補助手段として電子聴診器を使用した。しかし電子聴診器による音の増幅のみでは不十分であることがわかり、ＰＤＡあるいはノートパソコンに接続して、音をグラフィックで表示してパターン認識が可能な機種も導入した。グラフィック表示による心音の解読に慣れる必要があった。呼吸音の聴診は無理なようであった。

### D．手術室実習

実際に手術室に入り、また着替えて手術を間近で見学したり、執刀医から手術について説明を受ける実習である。マスクをしているために読話ができないため、支援のために手話通訳にも手術室に入ってもらった。アラーム音などの背景音が意外に大きく、またマスクをして小声で略語や専門用語を多用する術者の通訳は難しかった。他の人とぶつかりそうな時は肩をたたいてもらうようにしているが、手洗いした場合はキャップをたたくことにした。また、マスクをしているため、また手術に集中するあまり、聴覚障害の存在が忘れられがちになることがあった。術野を見ながら手話通訳をみることが困難なこともあった。

### E．X線・画像資料の読影

X線、ＣＴ、超音波などの静止画像や動画を見ながら解説を聞く実習である。現在はほとんどの画像がコンピュータ上で閲覧できるようになっている。これも手話通訳による支援を行った。画像のなかでも動画は手話と同時に見ることができないので理解が難しい。通訳の立つ位置も重要であった。コンピュータ画面を見る場合には、近くに寄らないと画像が見えず、そうすると手話が見え

第 3 章 教育組織による支援

にくくなった。プロジェクターが有効であるが、十分な数を設置できなかった。

### F．外来実習

　外来で患者さんの問診をしたり、話を聞いたり、症状を聞いた内容をまとめて担当医に報告する。それをもとに討論する実習である。手話通訳者が入った。患者との間に通訳が入っても意外に距離感がなく、また比較的１対１の会話が多く対応しやすい。問題点としては、診察室が狭いと通訳がベストの位置に移動できないことがあること、本人と対面・会話しているというよりも手話通訳と対談している感じになってしまうこと、などがあった。患者の話を聞きながらカルテ記載を行うことは困難であった。筆談という方法もあるが、患者・当該学生のいずれもストレスが大きくほとんど行わなかった。

### G．呼び出し（ＰＨＳ）

　実習中の学生には全員PHSを持たせているが、当該学生はバイブレータ機能を使ったり、返事は他の正聴者の学生に頼んだり、メール機能を使用したりした。緑色のストラップ（通常は赤）で、聴覚障害がわかるようにしており、しだいに認知されるようになった。

　我が国では聴覚障害のある医学専攻の学生はまだ少なく、各校で手探りで対応している状況である。十分に理想的な状況ではまだなく、米国などの支援先進国に比べると支援インフラの面でもまだ立ち後れているが、新しい時代になったことは確かである。筑波大学における対応が参考になれば幸いである。

125

# 第二部
## 筑波大学における実践紹介

## 第4章　学内外の連携による支援

# 第1節 学生宿舎と障害学生支援

　筑波大学のキャンパス内には学生宿舎があり、一の矢（北）地区、平砂・追越（南）地区合わせて3エリアの宿舎を学生が利用している。一部には留学生を中心に家族とともに暮らせる世帯棟もある。学生の多くは入学後ここで1〜2年間過ごし、その後周辺地域の民間アパートへ移る。

　宿舎には、障害がある人が優先的に居住できる部屋が一部の棟に設置されている。一の矢（北地区）宿舎では世帯用の部屋を使うため、部屋内にシンク、トイレ、風呂場が付いている。追越（南地区）の部屋は他と同じ1人用だが、フロアに風呂があり、他の学生のように共同浴場を使えない学生に提供される。ちなみに一般の部屋は、洗面台はあるものの、トイレは共同、風呂も共用棟の浴場である。

　障害学生は、ニーズに応じて前年度末に部屋の割り当てを受ける。車いす使用者や視覚障害学生でトイレ、風呂など共用の設備を使えない者が優先的に世帯部屋を使う。聴覚障害の学生に対する設備上の配慮はあまりないが、優先的に部屋を使うことができる。重度の運動障害がある学生については、入学前から調整が始まる。とはいえ一般入試の合格発表が出て入学確定するのが3月中旬であり、そこから4月初旬までのわずかな期間で入居準備を進めなければならない。障害学生支援室が入学確定した学生に連絡を取り、ニーズの評価を始めるとともに、宿舎入居の希望を聞く。部屋の設備はそれぞれ特徴があるので、入居希望学生のニーズを勘案しながら部屋の割り当てを決定する。さらに部屋内の改修が必要な学生については、学生本人と家族が宿舎見学し、相談する。見学には障害学生支援室だけでなく、施設部や学生生活課の職員も立ち会い、どのような改修が可能かを現場で協議することも少なくない。この結果、早急に改修できる提案は入居までに工事する。風呂場など水周りの改修は大規模となるため、夏休みまで待つことが多い。

　車いす利用者の入居する宿舎（一の矢、北地区）について、事前検討した際に写した写真を示す（**写真1、2**）。世帯用宿舎のエントリー（玄関）には階段があるため、別途スロープと自動ドアを取り付けた。写真は関係職員と一緒にその入口を試しているところである。またバスタブを埋め込み式に改修する

とともに、シャワーを使いやすくしている。ただし途中に敷居の段差があるなど十分とは言い難いが、可能な限り対応をお願いしている。

近年は、車いす利用者であっても、民間アパートを選択する場合も出てきた。宿舎内の段差や風呂など部屋内の設備を十分に改修できない場合は、メリット・デメリットを検討して、民間アパートのほうが良いと判断されることもある。民間アパートもまったくのバリアフリー環境にはならないし、宿舎と比べれば高価だが、それでも遠い宿舎よりも講義棟近くのアパートのほうが良いとの判断であったと、引っ越した障害学生が理由を話してくれた。他地域と同様、障害のある人に貸してくれるアパートは未だに希有なのだが、それでも周囲の理解が進んでいることを実感するできごとだった。

宿舎が既にかなり旧くなったため、現在は平成25年度までを目途に学生宿舎が順次改修されているところである。障害学生の暮らす宿舎も次年度以降に改築されるため、あらかじめ玄関や部屋のドアを工夫したり、水回りの改修を想定した配管を検討するなど、ユニバーサルな部屋の要素を加えるよう求めている。将来は宿舎と民間アパートどちらが良いか、迷う楽しみを提供したいものである。

写真1

写真2

## 第2節 大学交通システムにおける民間交通機関との連携 ―循環バスを快適に―

　秋葉原とつくば市を結ぶつくばエクスプレスが開通し、筑波大学（つくばキャンパス）は都心に近くなった。遠い地域から通う学生が増え、東京にもいっそう気軽に出かけられるようになった。また大学では、キャンパス内に自前のバスを走らせていたところを、民間バス会社と契約し、つくば駅と大学間を循環する民間バスを走らせるようにシステム変更した。これを「筑波大学キャンパス交通システム」と呼んでいる（※）。大学の学生と教職員は廉価な定期券でつくば駅からつくばキャンパス内のループ道路（数km）を走り、つくば駅に戻る循環バスを利用することができる。

　このような変化は、通学やキャンパス内を移動する障害学生にも影響を与える。とりわけ循環バスについては、民間会社に年度当初に挨拶に伺い、課題を話し合うことにしている。例えば、視覚障害者や聴覚障害者にとっては、各バス停ごとに停車の案内表示が行われ、また音声案内が十分な音量でアナウンスされることが必要になる。また車いす利用者にとっては、低床バスあるいはノンステップバスの増便や、適切な位置での停車とスロープの出し入れ操作などが欠かせない。昨年（平成22年）、障害学生を対象に民間バス利用の状況を調べたところ、視覚・聴覚障害学生に定期の利用者が多かった。中には週に20回以上使う人もいた。しかし車いす利用学生については、乗降の困難さに利用を止めたとの報告もあった。

　そこで今年度（平成23年度）は実際にバスを利用する学生にも話し合いの場に参加してもらうとともに、具体的なバス乗降時の配慮事項について資料を提供し、実際に乗降のデモンストレーションを行って運転手のみなさまにも手順を確認していただくこととした。会社でも自発的な介助研修は行っているので、これに協力させていただくかたちで準備が進められているところである。加えて、障害学生のバス利用実態をさらに具体的に調べて情報共有していく予定である。

　国土交通省では、「移動等円滑化の促進に関する基本方針（平成18年12月15日告示）において、バス車両を平成22年度までに乗り合いバスの3割を、また平成27年度までにすべて低床化された車両に代替するとしている。利用者と事

業者という関係ではあるが、どちらも公共や不特定多数向けの移送システムを
よりよくする姿勢は一致している。このような接点を増やすことによって　互
いの事情を理解し、少しずつ改善を進めていきたい。


※例えば以下のページを参照。http://goo.gl/2MLim


平成２３年 ○月○日

○○社社長　殿

筑 波 大 学 長
山 田 信 博


障害学生の通学へのご支援について（お願い）


　日頃より、本学学生の通学に多大なご支援を頂きありがとうございます。
　特に、本学には、障害学生や留学生が多く在籍しており、ドライバーの皆様に格段のご
配慮をいただいておりますことを感謝申し上げます。
　さて、新学年が始まり、多くの新入生がバス通学を始めています。その中には、初めて
単独乗車にチャレンジしている障害学生もおります。大学といたしましては、歩行指導、
バス利用の指導等を行っておりますが、実際の乗車に際しては、ドライバーの皆様の協力
をいただかなくてはならない場面が多々あることと思われます。
　つきましては、視覚障害者のための行き先アナウンスや聴覚障害者のための文字表示の
徹底、車椅子利用者のノンステップバスの乗降時の介助等につきまして、ドライバーの皆
様に、より一層のご支援・ご配慮をお願い申し上げます。また通学時を中心としたノンス
テップバスの増便、ならびに入試・大学説明会など各種行事における障害者のバス利用に
際しましてもご考慮いただければ幸いに存じます。
　末筆ながら貴社皆様のご清祥をお祈り申し上げますとともに、引き続き一層のご厚情を
賜りますようよろしくお願い申し上げます。


○担当部署及びお問い合わせ
筑波大学 障害学生支援室
Tel：029-853-4584
E-mail：shougai-shien@un.tsukuba.ac.jp


**図1　バス会社への協力依頼文書（例）**

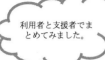 

**車いす使用者　バス乗降時手順**

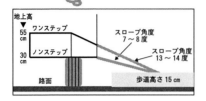

①スロープ板設置のため、歩道に近付けて停車します。

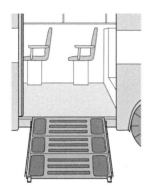

②スロープ板を乗車口の下から取り出し、上下・裏表に注意し、図のように設置します。

※足でトントン踏むなどすると、しっかり設置できたか確認できます。

③車いすを押して乗車します。
（降車時は後ろ向きで車いすを支えます。）

※イラストは路上ですが、実際には歩道にスロープ板を設置します。

④備え付けの固定装置で後輪を固定します。

以上のような手順でお願いいたします。
ご協力ありがとうございます。

OSD
筑波大学障害学生支援室

図2　バス会社への協力依頼文書（例）

## 第3節 移動手段の工夫（タクシー導入について）

　バリアのうち物理的バリアの学内における状態とその調査の様子については第一部第2章第3節で紹介したが、それだけでは解決できない課題もあった。距離の問題である。本学のつくばキャンパスは南北に長く、周囲のループ道路を民間バス会社の循環バスが運行されている。多くの学生は15分の授業間移動に自転車を使うが、視覚障害のある学生や車いす利用者等運動障害のある学生は15分ではとうてい間に合わない。とりわけ全学生が履修する共通科目である体育・外国語・情報処理などは各種の設備・施設のそろったセンターがあるエリアで授業を受けなければならない。授業の前後が空いていれば対策もあり得るが、1年生の履修時には多くの授業のコマが埋まっているために、あらかじめ移動しておくわけにもいかない。その結果、これまでは事情を相談し、やむなく授業の遅刻・早退を認めてもらうこともあった。障害学生にとって、広く起伏のあるキャンパスは、それだけで大きなバリアである。

　このことは以前から課題として認識されており、教職員間でもあれこれと対応を検討した。前述の循環バスでは授業時間に合わない（車いす使用者が乗降容易な低床バスはさらに少ない）。大学の公用車は少なく回せない。学生がボランタリーに自家用車を出そうとの案もあったが、学生への負担とリスク管理の面からすべきではないとされた。

　そこで平成20年度より民間タクシーを導入することにした。事前にタクシーを使う曜日と授業時間を打ち合わせして、学内の定められた発着地点（キャンパスエリア内に限る）から学生がタクシーに乗る。授業を行う施設のそばで車を降り、授業を受ける。引き続き次の授業のために戻る場合には、同じく2地点間でタクシーを使う。費用は大学の障害学生支援枠の予算から支払うこととした。乗車時間は僅かだが、これにより移動時間が大幅に短縮された。手動車いすや簡易電動車いすならば畳んでトランクに入れられるので、普通のセダン型タクシーを用いる。学生が一人では移乗できないときは、障害学生支援室のピア・チューターや授業のティーチング・アシスタント（TA）が発着地点で介助する。畳めない電動車いす利用者については、ワゴン型福祉タクシーをお願いする。

開始当初はどこまで民間タクシー会社の理解を得られるか不明だったが、現在は協力的な会社と契約を結び、2〜3人が、週2〜3コマの授業について利用している。1回の距離は初乗り運賃で足りる（春日地区〜中地区を除く）。授業機会保障の見地から見れば、相応のコストパフォーマンスであると考えている。

## 第4節 施設部との連携

　施設部は大学の建物、学生宿舎、設備などの建設・設置ならびに大学環境の保全や施設・設備の改修を担当する部署である。障害学生にとってのバリアの改修や、点字ブロック、スロープの設置など、バリアフリー環境の整備に関わっている。施設部長派障害学生支援室の委員を務めており、障害学生の過ごしやすいキャンパス作りに関わっている。

　施設部と障害学生支援室との協議の積み重ねにより、比較的小規模の改修要請については円滑に改修されるようになってきた。例として、ドア前の小さな段差解消や、動線にかかる樹木の枝の伐採、ペデストリアン（キャンパス内道路）の壊れたタイルの補修などは要望を提出してから極めて速やかに対応された。こうした破損箇所は私たちにとっては容易に回避できるが、車いす利用者や視覚障害者にとっては通りにくいだけでなく、危険を伴う場合もあるため、速やかな改修は重要である。また緊急性を要しないが計画的に解消すべきバリアについては、障害学生、支援学生、教職員から改修要望を集め、障害学生支援室で整理して優先順位を付記したうえで施設部に提出している。大学内から施設部に寄せられる建設・改修の要望は極めて多岐にわたるため、緊急性の高さを示し集約・整理して提出することで、より確実に実現されるようにしている。

　緊急性の高い改修の一つに、入学時の改修検討がある。一般入試により合格と入学が決定されるのが3月中旬であり、そこから4月初旬の入学前までの時間を使って、講義棟やその周辺の環境を確認し、必要な設備導入や改修を行う。学生宿舎へ入居する場合は、併せて学生宿舎の検討と改修も進められる。これらの検討には、障害学生の入学する教育組織の教職員、施設部、学生部ならびに障害学生支援室スタッフと支援学生などが日程調整をしながら関わっていく。たいへんタイトな作業だが、この時期に関係者間で改修必要性についてコンセンサスを得ておくことは、即時改修されないとしてもその後の対応に影響する。

　改修の例として**写真1a〜2b**を示す。**写真1a・b**はキャンパス内ループ道路にあるバス停の改修である。車いすを使用する学生からの要望により、歩道の一部にスロープを入れている。これは速やかに対応された例である。**写真**

2a・bは、スロープをリフトに変更した前後の写真である。スロープ傾斜角が大きいため、車いす利用学生がスロープを使えないという状況が確認され、スロープ傾斜角の緩和とスロープの延伸が検討された。しかし十分なスロープの長さが取れないこと、雨天時の雨除けが困難になること、さらに他の入口を使うためには大きく迂回しなければならないことなどから、リフトの導入に至った。現在は自分で運転する自家用車でリフト傍に駐車した車いすの学生が、雨に濡れずリフトを利用して建物の中に入れるようになっている。

写真1a　キャンパス内ループ道路バス停

写真1b　バス停　改修後

写真2a　スロープ改修の検討

写真2b　スロープではなくリフトを設置、手前は駐車場として使用

第二部
筑波大学における実践紹介


第5章　就職支援

# 第1節 就職支援のシステム

　筑波大学では、障害者の就職支援を学生部就職課・キャリア支援室と障害者学生支援室で行っている。就職課・キャリア支援室では、キャリアガイダンス・自己分析から就職先研究、ＯＢ講話、各種講習会など包括的に提供している。障害学生支援室は就職希望の障害学生を把握し、就職関連情報の提供等を行うとともに、就職課の協力の下に障害学生を対象とした就職支援講座を実施している。企業などの求人は就職課、障害学生支援室どちらにも来るので、お互いに情報を共有するようにしている。求人票は就職課が一元的に管理している。障害学生に対しては、就職課の資料や講習会を積極的に活用するよう勧めつつ、障害学生独自の配慮などについては障害学生支援室が取り組むようにしている。また障害学生の卒後進路の調査は、就職課と障害学生支援室が連携してデータを蓄積している。

　このように、筑波大学では就職課・キャリア支援室と障害学生支援室がコラボレートしながら行うシステムを採っている。

第5章 就職支援

## 第2節 障害学生の進路調査

　就職課が一括して卒業・修了生の進路調査を行った結果をもとに、障害学生支援室が障害学生のみを抽出して各年次ごとにまとめている。2007〜2009年度の調査結果を**表**にまとめた。障害別の内訳は、視覚障害9、聴覚障害11、運動障害8、その他2（視聴覚重複、高次脳機能障害）であった。就職率は5割弱で、全国調査と近い数値と言える。進学率は3割強であり全国調査（19.9%）よりも高いが、これは本学の学生全般についても同様である。就職先としては、企業、教職、研究員などがある。課題となるのは就職準備の項目だろう。大学院修了後に進路先が決まりにくい状況を示しており、彼らを含むいっそうの就職支援策が求められている。

表　障害学生の進路（2007〜2009年度）

|  | 学　群 | 大学院 | 計 | 備　　考 |
|---|---|---|---|---|
| 就　　職 | 7 | 7 | 14 | 職場復帰を含む |
| 進　　学 | 7 | 3 | 10 | 後期課程、他大学 |
| 就職準備 |  | 4 | 4 |  |
| そ の 他 |  | 2 | 2 | 帰国・不明 |
|  | 14 | 16 | 30 |  |

※障害学生支援室に登録のある学生を対象とした
※学群とは他大学の学部（undergraduate）に相当する

# 第3節 障害学生に対する就職支援講座

　就職を希望する障害学生には、就職課が計画的に開催する多くの支援講座を紹介し参加することを勧めている。障害の有無にかかわらず、必要な情報を収集し、就職活動に取り組むことが大前提だからである。しかし障害のある学生は、企業に対して十分なアプローチが困難な場合がある。例えば物理的に企業訪問や面接会場に行きにくい、企業のホームページが情報収集しにくい、ホームページからエントリーを求められていても入力しにくいなどの問題は良く聞かれる。また就職先がどの程度障害に配慮しているのか、どのような業務に就けるのか、自分が果たして社会で働いていけるのかなどを調べ、考え、知る機会もこれまでは十分ではなかった。そのため、具体的で前向きな就労への意欲を育てにくいのが現状であると言える。そもそも日本では5〜6％の障害者がいると推計されているにもかかわらず、障害者雇用率1.8％〜2.1％ですら達成されない状況にあり、障害学生に特化した就職支援策を講じることは、大学においても重要な課題である。

　このような理由から、障害学生支援室では障害学生を対象とした就職支援講座を年1回を目処に実施している。2009年度は障害者の就職・求人支援会社から担当者を招き、昨今の障害学生の就職状況について説明を受けるとともに就職活動の基本について話していただいた。2010年度は本学のOB・OGと民間企業人事担当者に、企業での具体的な仕事の様子や自らの就職活動、上司・同僚とのコミュニケーションなどについて話をしてもらい、また事前に学生から募った質問を中心に丁寧に展開していただいた。このような講座は知識として就労の実態を知るだけでなく、就業に対する具体的なイメージを形成し、動機付けを高める効果があると考えられる。

注）支援の概要は、「筑波大学就職情報システム」（http://syushoku.sec.tsukuba.ac.jp/）参照。

第二部
筑波大学における実践紹介

第6章　新しい課題への取り組み

# 第1節 視覚障害学生の情報処理実習

## ① 視覚障害者のパソコン利用

　近年、一般的なパソコンの普及とアシスティブ・テクノロジー（支援技術）の進歩により、視覚障害者が独力で情報にアクセスし、その内容を理解し、発信するといった一連の情報処理の可能性は大きく広がってきている。視覚障害者にとってパソコンはもはや生活に欠かせない道具であり、多くの視覚障害者が学習、就労、日常生活、趣味などのさまざまな場面でパソコンを活用している。

　しかし、視覚障害者、特に全盲または重度の弱視の人がパソコンを用いて作業をする際の方法は、多くの点で通常のそれと異なる。スクリーン・リーダーと呼ばれる画面読み上げソフトを利用し、音声を頼りに画面上の情報を読むこと、マウスを使わず、キーボードのみでパソコンを操作することなどがその代表的な例である。また、視覚障害者が効率的に操作することに配慮したワープロソフトやウェブ・ブラウザなどの支援ソフトも開発されている。

## ② 情報処理実習の個別指導

　情報処理実習は、理系・文系を問わず多くの大学で必修科目となっている。視覚障害学生がこの情報処理実習を履修する場合、授業で期待される課題を通常のクラスの受講によって達成することは非常に難しい。一方で、視覚障害学生が大学での学習活動を自律的に進めるために、パソコンを用いた情報処理技術の習得は不可欠である。そこで筑波大学では、視覚障害学生に対して個別に情報処理実習の授業を提供するという実践を行っている。

　以下は、平成19年度および20年度に実施した、重度の弱視学生（点字と音声パソコンを常用）各１名に対する個別指導の事例である。

## ③ 個別指導の実際

　個別授業は、基本的な情報処理の指導が可能であり、さらに視覚障害者のパソコン操作に精通した大学スタッフが担当した。ただし、通常の情報処理実習

担当教員との連携を密にし、授業の評価は通常クラスの担当教員が行った。

　授業の到達目標と内容は基本的に通常クラスのシラバスに準じており、成績評価も通常クラスと同等の基準で行われた。ただし、指導方法や具体的な課題については、対象学生のニーズに合わせて柔軟な変更が加えられた。具体的には、既に習得済みのため省略した内容、ソフトウェアを視覚障害者専用のものに変更して指導した内容、通常クラスと同じソフトウェアを使用し、ショートカットキーなどを多用しながら指導した内容などがあった。また、点字電子手帳とパソコンのデータ交換等、通常のカリキュラムにはなくても個別授業ではあえて優先的に取り上げた内容もあった。

　図は、PowerPointの機能を理解するための教材として、画面の構成をイメージしやすいように簡略化した触図を作成し、視覚障害学生に提供した例である。

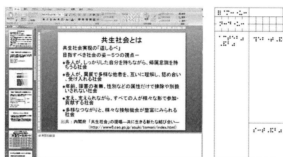

パソコンの画面のイメージ　　　　　　　　触図教材
図　PowerPointの画面構成を触図化して指導

## ④ 高大連携の重要性

　この実践では、応用的な知識と技術を多く取り扱うことができ、また、図書館の蔵書検索や履修管理システムへのアクセスといった、より実用的な課題にも数多く取り組むことができた。それは、対象学生が高校卒業までに、文書の読み書きをはじめとした基本的なパソコン操作の知識、技術及び態度を身につけていたことによる。

　障害学生の支援においては、高校から大学への移行支援の重要性が指摘されているが、視覚障害学生の情報処理教育においても、高大連携による系統的な指導が非常に大きな意味をもつと言える。

## コラム 受講学生の感想

平成19年度受講生　文系　重度弱視

　私は筑波大学の推薦入試を受けて、12月に合格が決まりました。その後、大学でスムーズに勉強ができるように、附属盲学校で約2ヶ月間さまざまな補習授業を受けました。その中でも最も多くの時間をかけてご指導いただいたのは、パソコンを用いた情報処理でした。

　私は補習を受ける前までは、パソコンの画面を大きく拡大して表示させたり、弱視レンズを使ったりして、目で見て操作していました。ですが、大学で勉強するためにはたくさんの情報を速いスピードで読むことが必要となるので、音声の読み上げを頼りにパソコンを使えた方が良いとのアドバイスを受けました。

　補習では、音声を聞きながらの文字入力や漢字変換の仕方、インターネット検索の仕方やエクセルでの表の作り方などを教えていただきました。高校生のときにこのような補習を受けたことで、大学では入学してすぐに先生方とのメールのやり取りをしたりレポートを書いたり、受け取ったデータファイルを読んだりすることができました。大学に入ってから音声でのパソコン操作を一から習っていたら、本当に大変だったと思います。

　そして大学での情報処理の授業は、友人たちとは別クラスで一対一で受けました。高校で音声操作の基本的なことを身につけていたので、この授業では、筑波大学で実際に必要となるパソコンの操作について教えていただきました。

　その一つがTWINSの操作です。TWINSとは筑波大学内のネットワーク情報管理システムのことで、ここにログインすると、履修登録ができたり自分の成績が見られたりします。もし一人でTWINSを使えなければ成績を友人に読んでもらわなければならず、CやDといった悪い成績があると非常に気まずいのですが、授業で操作方法を習えたので、自分一人でTWINSにアクセスして成績を読むことができています。どんなに仲の良い友人でも成績を知られるというのはあまり良い気分ではないので、TWINSの操作を習うことができて本当に良かったと思っています。

## 第2節 社会人大学院における視覚障害学生の支援－実績と課題－

### ❶ 社会人大学院における視覚障害学生への支援の実績

　筑波大学は、日本で初の社会人を対象とした夜間修士課程が設置された大学であり、多くの社会人が学んでいる。社会人大学院においても、これまで点字使用の学生および墨字を使用する重度弱視学生の2名を受け入れ、その支援を行った経験がある。

　支援の内容は、入学試験の点訳等の個別対応、支援にかかわる必要な機器などに関する事前相談に加え、入学前には必要な機器の準備と、それらの設置するための障害学生支援室を確保した。また、筑波大学の社会人大学院は、茨城県の本学とは離れた東京に校舎があるため、昼間の一般大学生がいない。このため、入学後の学習支援体制を築くにあたっては、支援者をゼロから探すことから始める必要があった。具体的には、近隣の大学に学習支援者の募集の案内を掲示してもらい支援者養成講座を開催すると共に、ハローワークに募集をするところから始めた。

### ❷ 社会人大学院における障害学生支援の課題

　社会人大学院における障害学生支援の課題は、以下に集約されると考える。

(1)　障害学生が入学することは希であるため、支援体制を持続的に構築することが難しい。このため、学生が入学する年に如何にして事前に必要な支援体制を整えるかが、大きな課題と考える。具体的には、支援に必要な機器やスペースの確保を合格後から入学までの数ヶ月で準備する必要があり、迅速な対応が欠かせない。

(2)　支援体制の構築においても、その学生の在籍する2年間に、いかに迅速に必要なマンパワーを確保するかが大きな課題であった。幸いにして、これまでは近隣の大学生およびハローワークから、地域の方で支援者を確保することができた。しかし、学外の学生の場合、学年とともに授業等のスケジュールが大きく変化するために、連絡や調整の難しさが課題であった。こうしたことを考えると、地域に住む方から支援者を探すことや、社会人学生自身の

つながりから支援者を探すことも重要であると感じた。

(3)　社会人学生は昼間に仕事をしているため、支援が夕方から夜間になることが大きな課題であった。支援の依頼内容はメールを活用し、昼間に事務の方に協力いただき学習支援を行える体制づくりが重要である。

# 第3節 音声認識技術利用の試み

　本学には、さまざまな専門分野の学部・大学院に聴覚障害学生が在籍しているため、情報支援に対するニーズも多岐にわたっている。一方、ピア・チューターの大半は文系の学生であるため、ピア・チューター自身の専門外の分野や上級学年の講義における情報支援の難しさが課題となっている。

　その課題を解決する方法の一つとして、現在、音声認識技術を利用した情報支援の実用化に向けた取り組みが行われている。

　現在、市販されている音声認識ソフトウェアでは、教室で話している教員や学生の音声に対する誤変換が多いため、聴覚障害学生に十分な情報を伝えられるような文字提示ができない。そのため、発話者の音声をそのままマイクで入力するのではなく、教室の音声を復唱者が待機する別室（復唱室）に送り、復唱者が話者の音声を繰り返して発話（復唱）するという復唱方式が一般的に行われている。

　情報支援が必要となる場面のなかでも、特に論文発表会などでは専門用語が多く用いられるため、当該分野の専門知識が少ないピア・チューターでは情報支援を行うのは難しい。そこで本学では、2007年度から障害科学分野の卒業研究や修士論文などの論文発表会において、音声認識技術を利用した情報支援を試験的に行ってきた。

　この試みは、音声認識技術に関心を持つピア・チューターや聴覚障害学生によって行われている。当初は教室の機器と復唱室の機器との接続がうまくいかないなどのトラブルも多くみられたが、現在ではパソコン要約筆記と同程度の文字情報を提示できるようになった。

　音声認識技術を利用した情報支援では、要約筆記やパソコン要約筆記、手話通訳と比較して、情報支援者に必要とされるスキルが少ないと考え

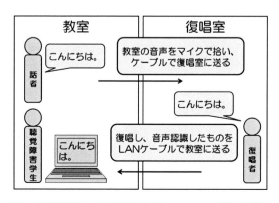

図　音声認識による情報支援システム（復唱式）

られる。そのため、今後は論文発表会の際に、支援技術を持つピア・チューターではなくても、その専門分野の院生に復唱を依頼し、情報支援を行うことなどを検討している。

　しかしながら、音声認識技術を使用した情報支援では、教室と復唱室の間で音声や文字データのやり取りをするため、必要な機材が多くなり、準備に時間がかかる。また、すでに述べたように音声認識技術はまだ発展途上にあるため、聴覚障害学生に十分な文字提示をおこなうためには、さらなる工夫が必要である。これらの課題の克服や効果的な復唱の練習プログラムの開発など、音声認識技術を利用した情報支援の実用化に向けた取り組みを、現在も学生たちが主体となって行っている。

　将来的には、音声認識技術によって誰もが容易に情報支援を行うことができる支援システムを構築し、ピア・チューターを派遣して聴覚障害学生のサポートを行うだけではなく、支援チームから聴覚障害学生の所属している学部・専攻や研究室に情報支援のシステムやノウハウを提供し、その研究室の教員や学生が聴覚障害学生への情報支援を行えるようにする（支援チームは各学部・専攻や研究室に対する助言を行う）ことも目標としている。

参考文献
「音声認識によるリアルタイム字幕作成システム構築マニュアル」編集グループ（2009）音声認識によるリアルタイム字幕作成システム構築マニュアル．筑波技術大学．

第三部
資　　料

# 第1節 全国の大学・短大・高専における障害学生の数

全国の大学・短期大学・高等専門学校における障害のある学生の修学状況

■ 障害学生数（課題別）

| 区分 | | 障害学生数 (人) | | 学生数 (人) | | 障害学生在籍率※ (%) | |
|---|---|---|---|---|---|---|---|
| 大学 | 学部（通学） | 5,165 | (4,369) | 2,524,991 | (2,511,061) | 0.20 | (0.17) |
| | 学部（通信） | 1,040 | (1,047) | 178,609 | (157,530) | 0.58 | (0.66) |
| | 大学院（通学） | 375 | (351) | 262,487 | (259,248) | 0.14 | (0.14) |
| | 大学院（通信） | 26 | (27) | 3,480 | (3,636) | 0.75 | (0.74) |
| | 専攻科 | 8 | (3) | 981 | (1,221) | 0.82 | (0.25) |
| | 小計 | 6,614 | (5,797) | 2,970,548 | (2,932,696) | 0.22 | (0.20) |
| 短期大学（部） | 学科（通学） | 266 | (264) | 154,096 | (165,919) | 0.17 | (0.16) |
| | 学科（通信） | 5 | (11) | 19,479 | (18,212) | 0.03 | (0.06) |
| | 専攻科 | 10 | (2) | 3,742 | (3,962) | 0.27 | (0.05) |
| | 小計 | 281 | (277) | 177,317 | (188,093) | 0.16 | (0.15) |
| 高等専門学校 | 学科（通学） | 200 | (149) | 55,809 | (56,126) | 0.36 | (0.27) |
| | 専攻科 | 8 | (12) | 3,449 | (3,266) | 0.23 | (0.37) |
| | 小計 | 208 | (161) | 59,258 | (59,392) | 0.35 | (0.27) |
| 計 | | 7,103 | (6,235) | 3,207,123 | (3,180,181) | 0.22 | (0.20) |

※ 障害学生在籍率：障害学生数÷学生数×100（％）

独立行政法人日本学生支援機構（2010）平成21（2009）年度大学、短期大学、高等専門学校における障害のある学生の修学支援に関する実態調査結果報告書

■ 障害学生数・障害学生在籍率

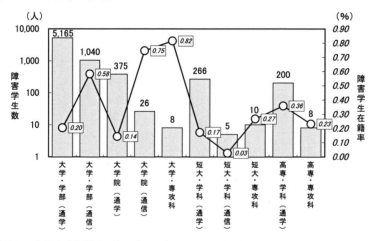

独立行政法人日本学生支援機構（2010）平成21（2009）年度大学、短期大学、高等専門学校における障害のある学生の修学支援に関する実態調査結果報告書

■ 障害学生数（障害種別・学校種別）

| 区　分 | | 大学 (人) | | 短期大学（部） (人) | | 高等専門学校 (人) | | 計 (人) | | 構成比 (%) | |
|---|---|---|---|---|---|---|---|---|---|---|---|
| 視覚障害 | 盲 | 173 | (149) | 3 | (6) | 0 | (1) | 176 | (156) | 2.5 | (2.5) |
| | 弱視 | 448 | (460) | 16 | (21) | 5 | (9) | 469 | (490) | 6.6 | (7.9) |
| | 小計 | 621 | (609) | 19 | (27) | 5 | (10) | 645 | (646) | 9.1 | (10.4) |
| 聴覚・言語障害 | 聾 | 484 | (416) | 11 | (12) | 0 | (0) | 495 | (428) | 7.0 | (6.9) |
| | 難聴 | 926 | (917) | 40 | (51) | 21 | (26) | 987 | (994) | 13.9 | (15.9) |
| | 言語障害のみ | 2 | (12) | 0 | (1) | 3 | (0) | 5 | (13) | 0.1 | (0.2) |
| | 小計 | 1,412 | (1,345) | 51 | (64) | 24 | (26) | 1,487 | (1,435) | 20.9 | (23.0) |
| 肢体不自由 | 上肢機能障害 | 291 | (279) | 12 | (6) | 7 | (6) | 310 | (291) | 4.4 | (4.7) |
| | 下肢機能障害 | 784 | (870) | 44 | (51) | 14 | (16) | 842 | (937) | 11.9 | (15.0) |
| | 上下肢機能障害 | 657 | (648) | 13 | (16) | 10 | (12) | 680 | (676) | 9.6 | (10.8) |
| | 他の機能障害 | 357 | (312) | 8 | (9) | 8 | (6) | 373 | (327) | 5.3 | (5.2) |
| | 小計 | 2,089 | (2,109) | 77 | (82) | 39 | (40) | 2,205 | (2,231) | 31.0 | (35.8) |
| 病弱・虚弱 | | 1,220 | (992) | 75 | (47) | 24 | (24) | 1,319 | (1,063) | 18.6 | (17.0) |
| 重複 | | 150 | (136) | 6 | (3) | 1 | (0) | 157 | (139) | 2.2 | (2.2) |
| 発達障害(診断書有) | LD | 54 | (27) | 4 | (0) | 5 | (4) | 63 | (31) | 0.9 | (0.5) |
| | ADHD | 53 | (35) | 1 | (1) | 29 | (13) | 83 | (49) | 1.2 | (0.8) |
| | 高機能自閉症等 | 351 | (175) | 13 | (10) | 59 | (34) | 423 | (219) | 6.0 | (3.5) |
| | 小計 | 458 | (237) | 18 | (11) | 93 | (51) | 569 | (299) | 8.0 | (4.8) |
| その他 | | 664 | (369) | 35 | (43) | 22 | (10) | 721 | (422) | 10.2 | (6.8) |
| 計 | | 6,614 | (5,797) | 281 | (277) | 208 | (161) | 7,103 | (6,235) | 100.0 | (100.0) |

独立行政法人日本学生支援機構（2010）平成21（2009）年度大学、短期大学、高等専門学校における障害のある学生の修学支援に関する実態調査結果報告書

■ 障害学生数（障害種別）

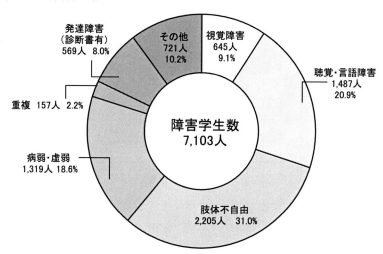

独立行政法人日本学生支援機構（2010）平成21（2009）年度大学、短期大学、高等専門学校における障害のある学生の修学支援に関する実態調査結果報告書

■ 授業支援実施状況（授業支援内容別・障害種別（別表））

| 区　分 | 視覚障害 実施校数(校) | 実施率※(%) | 教職員(校) | 学生(校) | 外部(校) | 聴覚・言語障害 実施校数(校) | 実施率※(%) | 教職員(校) | 学生(校) | 外部(校) | 肢体不自由 実施校数(校) | 実施率※(%) | 教職員(校) | 学生(校) | 外部(校) | 病弱・虚弱 実施校数(校) | 実施率※(%) | 教職員(校) | 学生(校) | 外部(校) |
|---|---|---|---|---|---|---|---|---|---|---|---|---|---|---|---|---|---|---|---|---|
| 1 点訳・墨訳 | 56 (53) | 36.1 (37.3) | 29 (21) | 20 (16) | 40 (34) | 0 (1) | 0.0 (0.3) | 0 (0) | 0 (1) | 0 (1) | 1 (1) | 0.3 (0.3) | 1 (0) | 1 (1) | 1 (1) | 0 (1) | 0.0 (1.2) | 0 (0) | 0 (1) | 0 (1) |
| 2 教材のテキストデータ化 | 57 (53) | 36.8 (37.3) | 50 (42) | 15 (16) | 12 (8) | 15 (13) | 5.4 (4.5) | 14 (10) | 2 (4) | 1 (2) | 7 (9) | 2.1 (2.6) | 7 (7) | 0 (3) | 0 (2) | 0 (1) | 0.0 (1.2) | 0 (0) | 0 (1) | 0 (1) |
| 3 教材の拡大 | 92 (79) | 59.4 (55.6) | 85 (74) | 19 (9) | 2 (3) | 4 (9) | 1.4 (3.1) | 4 (7) | 1 (3) | 1 (2) | 14 (12) | 4.2 (3.5) | 13 (10) | 3 (3) | 1 (1) | 0 (1) | 0.0 (1.2) | 0 (0) | 0 (1) | 0 (1) |
| 4 ガイドヘルプ | 39 (37) | 25.2 (26.1) | 25 (23) | 25 (26) | 4 (4) | 4 (5) | 1.4 (1.7) | 3 (3) | 1 (1) | 0 (1) | 49 (31) | 14.8 (9.1) | 22 (13) | 38 (24) | 9 (3) | 3 (3) | 3.1 (2.4) | 3 (2) | 1 (1) | 2 (1) |
| 5 リーディングサービス | 34 (36) | 21.9 (25.4) | 22 (22) | 21 (23) | 6 (2) | 4 (4) | 1.4 (1.4) | 3 (2) | 1 (1) | 0 (1) | 2 (1) | 0.6 (0.3) | 0 (0) | 1 (1) | 1 (1) | 1 (1) | 1.0 (1.2) | 1 (0) | 0 (1) | 1 (1) |
| 6 手話通訳 | 0 (1) | 0.0 (0.7) | 0 (0) | 0 (1) | 0 (1) | 71 (77) | 25.6 (26.6) | 8 (6) | 23 (25) | 60 (65) | 1 (1) | 0.3 (0.3) | 0 (0) | 0 (1) | 1 (1) | 0 (1) | 0.0 (1.2) | 0 (0) | 0 (1) | 0 (1) |
| 7 ノートテイク | 20 (20) | 12.9 (14.1) | 4 (0) | 16 (18) | 5 (5) | 178 (185) | 64.3 (63.8) | 22 (21) | 166 (166) | 53 (53) | 40 (35) | 12.1 (10.3) | 4 (1) | 33 (29) | 8 (10) | 1 (1) | 1.0 (1.2) | 1 (0) | 0 (1) | 0 (1) |
| 8 パソコンテイク | 13 (7) | 8.4 (4.9) | 4 (1) | 10 (6) | 4 (2) | 89 (80) | 32.1 (27.6) | 20 (16) | 77 (67) | 25 (22) | 10 (13) | 3.0 (3.8) | 4 (3) | 8 (10) | 0 (1) | 1 (1) | 1.0 (1.2) | 1 (0) | 0 (1) | 0 (1) |
| 9 ビデオ教材字幕付け | 5 (2) | 3.2 (1.4) | 4 (0) | 2 (1) | 1 (2) | 50 (32) | 18.1 (11.0) | 32 (15) | 34 (20) | 10 (7) | 1 (2) | 0.3 (0.6) | 1 (1) | 0 (1) | 0 (1) | 0 (1) | 0.0 (1.2) | 0 (0) | 0 (1) | 0 (1) |
| 10 チューター又はティーチング・アシスタントの活用 | 21 (20) | 13.5 (14.1) | 11 (8) | 12 (12) | 0 (1) | 36 (25) | 13.0 (8.6) | 15 (10) | 20 (16) | 2 (1) | 19 (16) | 5.7 (4.7) | 10 (5) | 9 (11) | 1 (1) | 7 (3) | 7.3 (3.6) | 6 (2) | 1 (1) | 0 (0) |
| 11 試験時間延長・別室受験 | 90 (89) | 58.1 (62.7) | - (-) | - (-) | - (-) | 19 (20) | 6.9 (6.9) | - (-) | - (-) | - (-) | 124 (121) | 37.5 (35.5) | - (-) | - (-) | - (-) | 16 (16) | 16.7 (19.0) | - (-) | - (-) | - (-) |
| 12 解答方法配慮 | 75 (74) | 48.4 (52.1) | - (-) | - (-) | - (-) | 23 (26) | 8.3 (9.0) | - (-) | - (-) | - (-) | 78 (76) | 23.6 (22.3) | - (-) | - (-) | - (-) | 3 (6) | 3.1 (7.1) | - (-) | - (-) | - (-) |
| 13 パソコンの持込使用許可 | 45 (46) | 29.0 (32.4) | - (-) | - (-) | - (-) | 30 (33) | 10.8 (11.4) | - (-) | - (-) | - (-) | 58 (51) | 17.5 (15.0) | - (-) | - (-) | - (-) | 4 (4) | 4.2 (4.8) | - (-) | - (-) | - (-) |
| 14 注意事項等文書伝達 | 38 (39) | 24.5 (27.5) | - (-) | - (-) | - (-) | 116 (121) | 41.9 (41.7) | - (-) | - (-) | - (-) | 31 (27) | 9.4 (7.9) | - (-) | - (-) | - (-) | 16 (8) | 16.7 (9.5) | - (-) | - (-) | - (-) |
| 15 使用教室配慮 | 39 (37) | 25.2 (26.1) | - (-) | - (-) | - (-) | 17 (17) | 6.1 (5.9) | - (-) | - (-) | - (-) | 188 (185) | 56.8 (54.3) | - (-) | - (-) | - (-) | 12 (13) | 12.5 (15.5) | - (-) | - (-) | - (-) |
| 16 実技・実習配慮 | 48 (57) | 31.0 (40.1) | - (-) | - (-) | - (-) | 77 (72) | 27.8 (24.8) | - (-) | - (-) | - (-) | 150 (158) | 45.3 (46.3) | - (-) | - (-) | - (-) | 40 (49) | 41.7 (58.3) | - (-) | - (-) | - (-) |
| 17 教室内座席配慮 | 81 (60) | 52.3 (42.3) | - (-) | - (-) | - (-) | 152 (157) | 54.9 (54.1) | - (-) | - (-) | - (-) | 215 (208) | 65.0 (61.0) | - (-) | - (-) | - (-) | 19 (19) | 19.8 (22.6) | - (-) | - (-) | - (-) |
| 18 FM補聴器・マイク使用 | 3 (2) | 1.9 (1.4) | - (-) | - (-) | - (-) | 73 (66) | 26.4 (22.8) | - (-) | - (-) | - (-) | 4 (2) | 1.2 (0.6) | - (-) | - (-) | - (-) | 0 (0) | 0.0 (0) | - (-) | - (-) | - (-) |
| 19 専用机・イス・スペース確保 | 19 (16) | 12.3 (11.3) | - (-) | - (-) | - (-) | 23 (22) | 8.3 (7.6) | - (-) | - (-) | - (-) | 207 (203) | 62.5 (59.5) | - (-) | - (-) | - (-) | 7 (8) | 7.3 (8.3) | - (-) | - (-) | - (-) |
| 20 読み上げソフト使用 | 43 (44) | 27.7 (31.0) | - (-) | - (-) | - (-) | 1 (0) | 0.4 (0) | - (-) | - (-) | - (-) | 1 (1) | 0.3 (0.3) | - (-) | - (-) | - (-) | 0 (0) | 0.0 (0) | - (-) | - (-) | - (-) |
| 21 講義内容録音許可 | 36 (32) | 23.2 (22.5) | - (-) | - (-) | - (-) | 24 (24) | 8.7 (8.3) | - (-) | - (-) | - (-) | 36 (19) | 10.9 (5.6) | - (-) | - (-) | - (-) | 5 (3) | 5.2 (3.6) | - (-) | - (-) | - (-) |
| 22 休憩室の確保 | 18 (12) | 11.6 (8.5) | - (-) | - (-) | - (-) | 19 (11) | 6.9 (3.8) | - (-) | - (-) | - (-) | 83 (62) | 25.1 (18.2) | - (-) | - (-) | - (-) | 28 (17) | 29.2 (20.2) | - (-) | - (-) | - (-) |
| 23 その他 | 35 (-) | 22.6 (-) | - (-) | - (-) | - (-) | 55 (-) | 19.9 (-) | - (-) | - (-) | - (-) | 82 (-) | 24.8 (-) | - (-) | - (-) | - (-) | 30 (-) | 31.3 (-) | - (-) | - (-) | - (-) |
| 実施校数 | 155 (142) | | 117 (102) | 66 (59) | 47 (39) | 277 (290) | | 75 (76) | 175 (177) | 94 (99) | 331 (341) | | 48 (46) | 66 (59) | 17 (21) | 96 (84) | | 9 (11) | 3 (4) | 3 (1) |
| ＊ 授業以外の支援 | 43 | | - | - | - | 58 | | - | - | - | 157 | | - | - | - | 44 | | - | - | - |

※各障害種別に授業支援内容は複数回答あり
※実施率：授業支援実施校数÷実施校数の計×100(%)

| 区分 | 重複 | | | | | 発達障害※ | | | | | その他 | | | | | 実施校数(校) | 実施率※(%) |
|---|---|---|---|---|---|---|---|---|---|---|---|---|---|---|---|---|---|
| | 実施校数(校) | 実施率※(%) | 支援者 教職員(校) | 学生(校) | 外部(校) | 実施校数(校) | 実施率※(%) | 支援者 教職員(校) | 学生(校) | 外部(校) | 実施校数(校) | 実施率※(%) | 支援者 教職員(校) | 学生(校) | 外部(校) | | |
| 1 点訳・墨訳 | 2 (-) | 4.7 (-) | 2 (-) | 1 (-) | 2 (-) | 0 (0) | 0.0 (0) | 0 (0) | 0 (0) | 0 (0) | 0 (1) | 0.0 (1.3) | 0 (0) | 1 (1) | 1 (1) | 56 (53) | 10.2 (9.8) |
| 2 教材のテキストデータ化 | 5 (-) | 11.6 (-) | 5 (-) | 2 (-) | 1 (-) | 2 (2) | 1.4 (2.0) | 2 (2) | 0 (0) | 0 (0) | 0 (2) | 0.0 (2.6) | 0 (0) | 1 (1) | 2 (2) | 74 (69) | 13.5 (12.7) |
| 3 教材の拡大 | 6 (-) | 14.0 (-) | 6 (-) | 1 (-) | 1 (-) | 2 (1) | 1.4 (1.0) | 2 (1) | 1 (1) | 0 (0) | 1 (2) | 1.3 (2.6) | 1 (1) | 0 (1) | 0 (1) | 107 (93) | 19.5 (17.1) |
| 4 ガイドヘルプ | 6 (-) | 14.0 (-) | 5 (-) | 4 (-) | 5 (-) | 5 (1) | 3.6 (1.0) | 5 (1) | 0 (0) | 1 (0) | 3 (5) | 3.8 (6.6) | 3 (1) | 0 (4) | 1 (1) | 87 (64) | 15.8 (11.8) |
| 5 リーディングサービス | 3 (-) | 7.0 (-) | 2 (-) | 2 (-) | 2 (-) | 1 (0) | 0.7 (0) | 1 (0) | 0 (0) | 0 (0) | 0 (3) | 0.0 (3.9) | 0 (1) | 0 (2) | 0 (1) | 40 (38) | 7.3 (7.0) |
| 6 手話通訳 | 2 (-) | 4.7 (-) | 1 (-) | 1 (-) | 2 (-) | 0 (0) | 0.0 (0) | 0 (0) | 0 (0) | 0 (0) | 0 (1) | 0.0 (1.3) | 0 (0) | 0 (0) | 0 (1) | 72 (77) | 13.1 (14.2) |
| 7 ノートテイク | 12 (-) | 27.9 (-) | 4 (-) | 10 (-) | 5 (-) | 3 (5) | 2.2 (5.0) | 1 (2) | 2 (2) | 1 (1) | 2 (8) | 2.6 (10.5) | 0 (1) | 1 (8) | 1 (3) | 205 (211) | 37.3 (38.9) |
| 8 パソコンテイク | 4 (-) | 9.3 (-) | 1 (-) | 4 (-) | 1 (-) | 1 (1) | 0.7 (2.0) | 1 (1) | 0 (0) | 0 (0) | 0 (4) | 0.0 (5.3) | 0 (1) | 0 (4) | 0 (3) | 101 (92) | 18.4 (16.9) |
| 9 ビデオ教材字幕付け | 1 (-) | 2.3 (-) | 1 (-) | 1 (-) | 1 (-) | 0 (0) | 0.0 (2.0) | 0 (2) | 0 (0) | 0 (0) | 0 (2) | 0.0 (2.6) | 0 (0) | 0 (0) | 0 (0) | 53 (37) | 9.6 (6.8) |
| 10 チューター又はティーチング・アシスタントの活用 | 5 (-) | 11.6 (-) | 2 (-) | 3 (-) | 0 (-) | 23 (22) | 16.7 (22.0) | 11 (12) | 15 (13) | 4 (1) | 6 (5) | 7.7 (6.6) | 4 (1) | 2 (4) | 0 (0) | 78 (59) | 14.2 (10.9) |
| 11 試験時間延長・別室受験 | 19 (-) | 44.2 (-) | - (-) | - (-) | - (-) | 18 (20) | 13.0 (20.0) | - (-) | - (-) | - (-) | 13 (26) | 16.7 (34.2) | - (-) | - (-) | - (-) | 192 (187) | 34.9 (34.4) |
| 12 解答方法配慮 | 13 (-) | 30.2 (-) | - (-) | - (-) | - (-) | 16 (9) | 11.6 (9.0) | - (-) | - (-) | - (-) | 4 (14) | 5.1 (18.4) | - (-) | - (-) | - (-) | 150 (137) | 27.3 (25.2) |
| 13 パソコンの持込使用許可 | 12 (-) | 27.9 (-) | - (-) | - (-) | - (-) | 7 (5) | 5.1 (5.0) | - (-) | - (-) | - (-) | 4 (8) | 5.1 (10.5) | - (-) | - (-) | - (-) | 118 (99) | 21.5 (18.2) |
| 14 注意事項等文書伝達 | 8 (-) | 18.6 (-) | - (-) | - (-) | - (-) | 34 (16) | 24.6 (16.0) | - (-) | - (-) | - (-) | 14 (12) | 17.9 (15.8) | - (-) | - (-) | - (-) | 178 (164) | 32.4 (30.2) |
| 15 使用教室配慮 | 15 (-) | 34.9 (-) | - (-) | - (-) | - (-) | 7 (3) | 5.1 (3.0) | - (-) | - (-) | - (-) | 7 (23) | 9.0 (30.3) | - (-) | - (-) | - (-) | 228 (214) | 41.5 (39.4) |
| 16 実技・実習配慮 | 17 (-) | 39.5 (-) | - (-) | - (-) | - (-) | 34 (25) | 24.6 (25.0) | - (-) | - (-) | - (-) | 22 (24) | 28.2 (31.6) | - (-) | - (-) | - (-) | 244 (255) | 44.4 (47.0) |
| 17 教室内座席配慮 | 24 (-) | 55.8 (-) | - (-) | - (-) | - (-) | 33 (18) | 23.9 (18.0) | - (-) | - (-) | - (-) | 17 (25) | 21.8 (32.9) | - (-) | - (-) | - (-) | 347 (337) | 63.1 (62.1) |
| 18 FM補聴器・マイク使用 | 4 (-) | 9.3 (-) | - (-) | - (-) | - (-) | 1 (0) | 0.7 (0) | - (-) | - (-) | - (-) | 1 (2) | 1.3 (2.6) | - (-) | - (-) | - (-) | 78 (71) | 14.2 (13.1) |
| 19 専用机・イス・スペース確保 | 17 (-) | 39.5 (-) | - (-) | - (-) | - (-) | 0 (2) | 0.0 (2.0) | - (-) | - (-) | - (-) | 4 (11) | 5.1 (14.5) | - (-) | - (-) | - (-) | 231 (223) | 42.0 (41.1) |
| 20 読み上げソフト使用 | 3 (-) | 7.0 (-) | - (-) | - (-) | - (-) | 0 (0) | 0.0 (0) | - (-) | - (-) | - (-) | 0 (1) | 0.0 (1.3) | - (-) | - (-) | - (-) | 45 (45) | 8.2 (8.3) |
| 21 講義内容録音許可 | 7 (-) | 16.3 (-) | - (-) | - (-) | - (-) | 13 (3) | 9.4 (3.0) | - (-) | - (-) | - (-) | 3 (5) | 3.8 (6.6) | - (-) | - (-) | - (-) | 86 (62) | 15.6 (11.4) |
| 22 休憩室の確保 | 14 (-) | 32.6 (-) | - (-) | - (-) | - (-) | 45 (32) | 32.6 (32.0) | - (-) | - (-) | - (-) | 24 (16) | 30.8 (21.1) | - (-) | - (-) | - (-) | 148 (99) | 26.9 (18.2) |
| 23 その他 | 11 (-) | 25.6 (-) | - (-) | - (-) | - (-) | 48 | 34.8 | - (-) | - (-) | - (-) | 36 | 46.2 | - (-) | - (-) | - (-) | 183 (-) | 33.3 (-) |
| 実施校数 | 43 (-) | | 13 (-) | 15 (-) | 10 (-) | 138 (100) | | 20 (36) | 16 (16) | 5 (3.0) | 78 (76) | | 8 (14) | 3 (413) | 2 (6.0) | 550 (543) | |
| ＊ 授業以外の支援 | 18 | | - | - | - | 301 | | - | - | - | 43 | | - | - | - | 429 | |

※発達障害：発達障害(診断書有)及び発達障害(診断書無・配慮有)

独立行政法人日本学生支援機構（2010）平成21（2009）年度大学、短期大学、高等専門学校における障害のある学生の修学支援に関する実態調査結果報告書

## 第2節 障害の基準

**大学等における障害の基準**

　障害のある学生が在籍している大学等に対して、補助金等（注）が文部科学省等より措置されている。その障害の基準は、以下のとおりである。

　1．視覚障害者

①盲者　視覚による教育が不可能又は著しく困難な者で、主として触覚及び聴覚など、視覚以外の感覚を利用して教育すべき者をいう。

②弱視者　視覚による教育は可能であるが、文字の拡大など教育上特別の配慮を必要とする者をいう。

　2．聴覚障害者

①聾者　両耳の聴力損失60デシベル以上の者、又は補聴器等の使用によっても通常の話声を解することが不可能、又は著しく困難な程度の者をいう。

②難聴者　両耳の聴力損失60デシベル未満の者で、補聴器を使用すれば通常の話声を解することが可能な程度の者をいう。

　3．肢体不自由者

①　肢体不自由の状態が補装具の使用によっても実験、実習をすることが不可能又は困難な程度の者。

②　肢体不自由の状態が前号に掲げる程度に達しないもののうち、常時の医学的観察指導を必要とする程度の者。

③　前二号に掲げる者のほか、教育上特別の配慮を必要とする程度の機能障害を有する者。

　4．その他

　上記以外で、教育上特別の配慮を必要とする程度の身体障害を有する者。


**（注）障害のある学生が在籍している大学等に対する補助金等について**

　1．国立大学法人

　文部科学省は、国立大学に在籍する障害のある学生が快適な学生生活を送れるよう、学習支援体制の充実・強化に資するための経費を、国立大学法人運営費交付金の一部

として、各国立大学法人に措置している。

## 2．国立高等専門学校

国立高等専門学校に対しては、毎年3月中旬頃に、独立行政法人国立高等専門学校機構本部から「平成〇〇年度概算要求書関連資料の提出について」依頼がある。その内容は上記1とほぼ同様であり、同機構本部が国立高等専門学校全体を取りまとめて文部科学省に要求し、配分は同機構本部から各国立高等専門学校になされる。

## 3．私立学校

日本私立学校振興・共済事業団（以下、「私学事業団」という）は、私立大学等の教育条件と研究条件の維持向上及び在学生の修学上の経済的負担軽減、経営の健全化等に寄与するため、「私立大学等経常費補助金」を交付している。このうち、障害のある学生に関連する補助として、教育上特別な配慮を要する障害のある学生を受け入れている大学等を対象とした「特別補助」を設けている。私学事業団においては、毎年6月下旬から7月上旬頃に「平成〇〇年度　私立大学等経常費特別補助対象事業に係る調査（〇月分）」を実施しており、各私立大学等は、本調査において、当該年度の5月1日現在で在籍している障害のある学生の受入れ人数と具体的な配慮状況を回答することとなっている。補助金の交付にあたっては、障害のある学生の受入れ数に基づき補助額が決定され、入試や施設・設備における具体的配慮の状況に基づき増額措置がなされる。

## 4．公立学校

公立大学の場合、各自治体によって対応方法等が異なる。通常、11月上旬に来年度予算の取りまとめが始まるため、必要経費の要求について、財務担当部署と相談・連携していくことが大切である。

# 福祉領域における障害の基準

■ 身体障害者福祉法施行規則　別表第五号（第5条関係）
　身体障害者障害程度等級表

| 級別 | 視覚障害 | 聴覚又は平衡機能の障害 | | 音声機能、言語機能又はそしゃく機能の障害 | 肢体不自由 | |
|---|---|---|---|---|---|---|
| | | 聴覚障害 | 平衡機能障害 | | 上肢機能障害 | 下肢機能障害 |
| 1級 | 両眼の視力（万国式視力表によって測ったものをいい、屈折異常のある者については、きょう正視力について測ったものをいう。以下同じ。）の和が0.01以下のもの | | | | 1．両上肢の機能を全廃したもの<br>2．両上肢を手関節以上で欠くもの | 1．両下肢の機能を全廃したもの<br>2．両下肢を大腿の2分の1以上で欠くもの |
| 2級 | 1．両眼の視力の和が0.02以上0.04以下のもの<br>2．両眼の視野がそれぞれ10度以内でかつ両眼による視野について視能率による損失率が95%以上のもの | 両耳の聴力レベルがそれぞれ100デシベル以上のもの（両耳全ろう） | | | 1．両上肢の機能の著しい障害<br>2．両上肢のすべての指を欠くもの<br><br>3．一上肢を上腕の2分の1以上で欠くもの<br>4．一上肢の機能を全廃したもの | 1．両下肢の機能の著しい障害<br>2．両下肢を下腿の2分の1以上で欠くもの |
| 3級 | 1．両眼の視力の和が0.05以上0.08以下のもの<br>2．両眼の視野がそれぞれ10度以内でかつ両眼による視野について視能率による損失率が90%以上のもの | 両耳の聴力レベルが90デシベル以上のもの（耳介に接しなければ大声語を理解し得ないもの） | 平衡機能の極めて著しい障害 | 音声機能、言語機能又はそしゃく機能の喪失 | 1．両上肢のおや指及びひとさし指を欠くもの<br>2．両上肢のおや指及びひとさし指の機能を全廃したもの<br>3．一上肢の機能の著しい障害<br>4．一上肢のすべての指を欠くもの<br>5．一上肢のすべての指の機能を全廃したもの | 1．一下肢をショパー関節以上で欠くもの<br><br>2．一下肢を大腿の2分の1以上で欠くもの<br>3．一下肢の機能を全廃したもの |
| 4級 | 1．両眼の視力の和が0.09以上0.12以下のもの<br><br>2．両眼の視野がそれぞれ10度以内のもの | 1．両耳の聴力レベルが80デシベル以上のもの（耳介に接しなければ話声語を理解し得ないもの）<br>2．両耳による普通和声の最良の語音明瞭度が50%以下のもの | | 音声機能、言語機能又はそしゃく機能の著しい障害 | 1．両上肢のおや指を欠くもの<br>2．両上肢のおや指の機能を全廃したもの<br>3．一上肢の肩関節、肘関節又は手関節のうち、いずれか一関節の機能を全廃したもの<br>4．一上肢のおや指又はひとさし指を欠くもの<br>5．一上肢のおや指又はひとさし指及びひとさし指の機能を全廃したもの<br>6．おや指又はひとさし指を含めて一上肢の三指を欠くもの<br>7．おや指又はひとさし指を含めて一上肢の三指の機能を全廃したもの<br>8．おや指又はひとさし指を含めて一上肢の四指の機能の著しい障害 | 1．両下肢のすべての指を欠くもの<br>2．両下肢のすべての指の機能を全廃したもの<br>3．一下肢を下腿の2分の1以上で欠くもの<br>4．一下肢の機能の著しい障害<br>5．一下肢の股関節又は膝関節の機能を全廃したもの<br>6．一下肢が健側に比して、10センチメートル以上又は健側の長さの10分の1以上短いもの |
| 5級 | 1．両眼の視力の和が0.13以上0.2以下のもの<br>2．両眼による視野の2分の1以上が欠けているもの | | 平衡機能の著しい障害 | | 1．両上肢のおや指の機能の著しい障害<br>2．一上肢の肩関節、肘関節又は手関節のうちいずれか一関節の機能の著しい障害<br>3．一上肢のおや指を欠くもの<br>4．一上肢のおや指の機能を全廃したもの<br>5．一上肢のおや指及びひとさし指の機能の著しい障害<br>6．おや指又はひとさし指を含めて一上肢の三指の機能の著しい障害 | 1．一下肢の股関節又は膝関節の機能の著しい障害<br>2．一下肢の足関節の機能を全廃したもの<br>3．一下肢が健側に比して5センチメートル以上または健側の長さの15分の1以上短いもの |
| 6級 | 一眼の視力が0.02以下、他眼の視力が0.6以下のもので両眼の視力の和が0.2を超えるもの | 1．両耳の聴力レベルが70デシベル以上のもの（40センチメートル以上の距離で発声された会話語を理解し得ないもの）<br>2．一側耳の聴力レベルが90デシベル以上、他側耳の聴力レベルが50デシベル以上のもの | | | 1．一上肢のおや指の機能の著しい障害<br>2．ひとさし指を含めて一上肢の二指を欠くもの<br>3．ひとさし指を含めて一上肢の二指の機能を全廃したもの | 1．一下肢をリスフラン関節以下で欠くもの<br>2．一下肢の足関節の機能の著しい障害 |
| 7級 | | | | | 1．一上肢の機能の軽度の障害<br>2．一上肢の肩関節、肘関節又は手関節のうちいずれか一関節の機能の軽度の障害<br>3．一上肢の手指の機能の軽度の障害<br>4．ひとさし指を含めて一上肢の二指の機能の著しい障害<br>5．一上肢のなか指、くすり指及び小指を欠くもの<br>6．一上肢のなか指、くすり指及び小指の機能を全廃したもの | 1．両下肢のすべての指の機能の著しい障害<br>2．一下肢の機能の軽度の障害<br>3．一下肢の股関節、膝関節又は足関節のうち、いずれか一関節の機能の軽度の障害<br>4．一下肢のすべての指を欠くもの<br>5．一下肢のすべての指の機能を全廃したもの<br>6．一下肢が健側に比して、3センチメートル以上または健側の長さの20分の1以上短いもの |

備考1．同一の等級について二つの重複する障害がある場合は、1級上の級とする。ただし、二つの重複する障害が本表中に指定されているものは、当該等級とする。
　　2．肢体不自由においては、7級に該当する障害が二以上重複する場合は、6級とする。
　　3．異なる等級について二以上の重複する障害がある場合については、障害の程度を勘案して当該等級より上の級とすることができる。
　　4．「指を欠くもの」とは、おや指については指骨間関節、その他の指については第一指骨間関節以上を欠くものをいう。
　　5．「指の機能障害」とは、中手指関節以下の障害をいい、おや指については、対抗運動障害をも含むものとする。
　　6．上肢または下肢欠損の断端の長さは、実用長（上腕においては腋窩より、大腿においては坐骨結節の高さより計測したもの）をもって計測したものをいう。
　　7．下肢の長さは、前腸骨棘より内くるぶし下端までを計測したものをいう。

| 体幹機能障害 | 乳幼児期以前の非進行性の脳病変による運動機能障害 | | 内部機能障害 | | | | | |
| --- | --- | --- | --- | --- | --- | --- | --- | --- |
| | 上肢機能障害 | 移動機能障害 | 心臓機能障害 | じん臓機能障害 | 呼吸器機能障害 | ぼうこう又は直腸機能障害 | 小腸機能障害 | ヒト免疫不全ウイルスによる免疫機能障害 |
| 体幹の機能障害により座っていることができないもの | 不随意運動・失調等により上肢を使用することがほとんど不可能なもの | 不随意運動・失調により歩行が不可能なもの | 心臓の機能の障害により自己の身辺の日常生活活動が極度に制限されるもの | じん臓の機能の障害により自己の身辺の日常生活活動が極度に制限されるもの | 呼吸器の機能の障害により自己の身辺の日常生活活動が極度に制限されるもの | ぼうこう又は直腸の機能の障害により自己の身辺の日常生活活動が極度に制限されるもの | 小腸の機能の障害により自己の身辺の日常生活活動が極度に制限されるもの | ヒト免疫不全ウイルスによる免疫の機能の障害により日常生活がほとんど不可能なもの |
| 1．体幹の機能障害により起立位又は座位を保つことが困難なもの 2．体幹の機能障害により立ち上がることが困難なもの | 不随意運動・失調等により上肢を使用する日常生活動作が極度に制限されるもの | 不随意運動・失調等により歩行が極度に制限されるもの | | | | | | ヒト免疫不全ウイルスによる免疫の機能の障害により日常生活が極度に制限されるもの |
| 体幹の機能障害により歩行が困難なもの | 不随意運動・失調等により上肢を使用する日常生活動作が著しく制限されるもの | 不随意運動・失調等により歩行が家庭内での日常生活活動が制限されるもの | 心臓の機能の障害により家庭内での日常生活活動が著しく制限されるもの | じん臓の機能の障害により家庭内での日常生活活動が著しく制限されるもの | 呼吸器の機能の障害により家庭内での日常生活活動が著しく制限されるもの | ぼうこう又は直腸の機能の障害により家庭内での日常生活活動が著しく制限されるもの | 小腸の機能の障害により家庭内での日常生活活動が著しく制限されるもの | ヒト免疫不全ウイルスによる免疫の機能の障害により日常生活が極度に制限されるもの（社会での日常生活活動が著しく制限されるものを除く） |
| | 不随意運動・失調等による上肢の機能障害により社会での日常生活活動が著しく制限されるもの | 不随意運動・失調等により社会での日常生活活動が著しく制限されるもの | 心臓の機能の障害により社会での日常生活活動が著しく制限されるもの | じん臓の機能の障害により社会での日常生活活動が著しく制限されるもの | 呼吸器の機能の障害により社会での日常生活活動が著しく制限されるもの | ぼうこうの機能の障害により社会での日常生活活動が著しく制限されるもの | 小腸の機能の障害により社会での日常生活活動が著しく制限されるもの | ヒト免疫不全ウイルスによる免疫の機能の障害により社会での日常生活活動が著しく制限されるもの |
| 体幹の機能の著しい障害 | 不随意運動・失調等による上肢の機能障害により社会での日常生活活動に支障のあるもの | 不随意運動・失調等のより社会での日常生活活動に支障のあるもの | | | | | | |
| | 不随意運動・失調等により上肢の機能の劣るもの | 不随意運動・失調等により移動機能の劣るもの | | | | | | |
| | 上肢に不随意運動・失調等を有するもの | 下肢に不随意運動・失調等を有するもの | | | | | | |

※太線より上は第1種を、下は第2種を表します。P36参照。

## 第3節 大学入試センター試験における試験特別措置

**【ア】視覚障害**

| 受験特別措置の対象となる者 | 特別に措置する事項 | | | | |
|---|---|---|---|---|---|
| | すべての科目において措置する事項 | | | | |
| | 解答方法 | 試験時間 | 試験室 | 試験室で用意されるもの | 左記以外で特別に措置する事項（例） |
| 点字による教育を受けている者 | 点字解答 注2 | 1.5倍に延長 | 別室 | ・点字問題冊子<br>・点字用解答用紙<br>・下書き用紙<br>（数学・理科のみ）<br>・レーズライター<br>・レーズライター用紙<br>・レーズライター用ボールペン | ・試験室入口までの付添者の同伴<br>・点字器等の試験場での保管<br>・試験場への乗用車での入構 |
| ①良い方の眼の矯正視力が0.15以下の者 | 文字解答 注3 | 1.3倍に延長 | 別室 | ・文字解答用紙<br>・下書き用紙<br>（数学・理科のみ） | ・拡大文字問題冊子の配付（一般問題冊子と併用） 注4<br>・拡大鏡等の持参使用 注5<br>・窓側の明るい座席を指定<br>・照明器具の持参使用又は試験場側での準備 |
| ②両眼による視野について視能率による損失率が90%以上の者 | | | | | |
| ③上記以外で，解答用紙にマークすることが困難な者 注1 | | 延長なし | | | |
| 上記以外の視覚障害者 | ——————————————————————— | | | | |

注1　③の欄に該当する者は，障害が試験時間延長（1.3倍）に該当する程度ではないが，一般の解答用紙にマークすることが困難であると認められる者です。

注2　出題も，点字によります。また，点字器等は，志願者が持参してください。
　　　なお，点字解答を希望する者は，受験科目を，身体障害者等受験特別措置申請書（裏面）㉔欄で選択してください。選択した科目以外は，受験することができません。また，出願後は，受験科目の変更はできません。

注3　文字解答とは，文字解答用紙に受験者が選択肢の数字等を記入することにより解答する方法です。
　　　（19・20ページ参照）
　　　なお，文字解答を希望する者は，受験教科（ただし，数学については，数学①及び②，理科については，理科①，②及び③の試験時間帯）を，身体障害者等受験特別措置申請書（裏面）㉕欄で選択してください。選択した教科以外は，受験することができません。また，出願後は，受験教科の変更はできません。

注4　拡大文字問題冊子は，一般問題冊子と比べて，文字の拡大率が1.4倍（14ポイントのゴシック体），面積倍率が2倍となっています。

第三部 資料

| （審査の上許可される事項） | | | | 必要な提出書類 |
|---|---|---|---|---|
| 英語リスニングにおいて措置する事項 | | | | |
| 試験時間 | | 音声聴取の方法 | | |
| 右のどちらか一方を選択<br>注6 | 1.5倍に延長<br>（連続方式） | CDプレーヤー<br>（監督者が操作） | ヘッドホン<br>注7 | ・受験特別措置申請書<br>①この冊子にとじ込みの診断書<br>　（視覚障害関係）<br>②学校長による点字学習の証明<br>　（任意の様式）<br>※上記①，②はどちらか一つ |
| | 1.5倍に延長<br>（音止め方式） | | | |
| 右のどちらか一方を選択<br>注6 | 1.3倍に延長<br>（連続方式） | CDプレーヤー<br>（監督者が操作） | | ・受験特別措置申請書<br>・この冊子にとじ込みの診断書<br>　（視覚障害関係） |
| | 1.3倍に延長<br>（音止め方式） | | | |
| 延長なし | | ICプレーヤー<br>（監督者が操作を補助） | | ・受験特別措置申請書<br>・この冊子にとじ込みの診断書<br>　（視覚障害関係）<br>　注9 |
| 注8 | | | | |

注5　拡大鏡等には，弱視者用拡大テレビを含みます。

注6　出願後は，延長方式の変更はできません。
　　　（各方式の具体的な方法については，12・13ページ参照）

注7　ヘッドホンに代えて，イヤホンの使用又はCDプレーヤーのスピーカーから直接音声を聞く方式を希望する場合は，身体障害者等受験特別措置申請書㉑「その他の希望措置」欄に記入してください。

注8　リスニングで使用するイヤホンが耳の形に合わず装着できないため，ヘッドホンの貸与を希望する場合は，別途，「イヤホン不適合措置申請書」を出願時に提出する必要があります。詳しくは受験案内36ページを参照してください。この措置は，受験特別措置申請書では申請できません。

注9　拡大鏡等の持参使用（弱視者用拡大テレビを除く。）のみを申請する者は，医師の診断書は必要ありません。

**【イ】聴覚障害**（解答方法及び試験時間については，特別な措置をしません。）

| 受験特別措置の対象となる者 | 特別に措置する事項 |
|---|---|
| | すべての科目において措置する事項 |
| ①両耳の平均聴力レベルが60デシベル以上の者 | ・手話通訳士等の配置及び注意事項等の文書による伝達　注1<br>・注意事項等の文書による伝達　注1<br>・座席を前列に指定<br>・補聴器又は人工内耳の装用　注2 |
| ②上記以外の聴覚障害者 | ・注意事項等の文書による伝達　注1<br>・座席を前列に指定<br>・補聴器又は人工内耳の装用　注2 |

注1　注意事項等の文書による伝達とは，試験室で監督者が口頭で指示することを文書にし，受験者に配付するものです。

注2　FM式携帯補聴器を装用する場合は，FM電波受信機能のスイッチを切って使用してください。

注3　大学入試センターは，リスニングを免除した者については，英語の筆記の成績とリスニングを免除した旨の情報を大学に提供します。

第三部 資料

| （審査の上許可される事項） | 必要な提出書類 |
|---|---|
| 英語リスニングにおいて措置する事項 | |
| ・重度難聴者等リスニングを受験することが困難な者<br>　リスニングの免除　注3<br>・上記以外の者<br>　音声聴取の方法　注4<br>　試験室：一般受験者と同室　注5 | ・受験特別措置申請書<br>・この冊子にとじ込みの診断書<br>　（聴覚障害関係1）<br><br>※リスニングの免除を申請する場合は，**状況報告書（聴覚障害関係2）**も併せて必要になります。 |

**注4**　音声聴取の方法については，ICプレーヤーにイヤホンを接続する方法に代えて，以下の方法を申請することもできます。その場合は，**身体障害者等受験特別措置申請書⑱「聴覚障害」の「音声聴取の方法」欄で，希望する音声聴取の方法を選択してください。**

　・ヘッドホンの持参使用

　・CDプレーヤーのスピーカーから直接音声を聞く方式

　・補聴器を外してイヤホンを使用

　・補聴器のコネクターにコードを接続

　・ヘッドホンの貸与

　　なお，「ヘッドホンの持参使用」や「補聴器のコネクターにコードを接続」等を許可された場合は，ICプレーヤーとの接続等を試験実施前に確認する必要があるため，12月上旬から中旬に届く受験票に記載された「問い合わせ大学」に連絡してください。

**注5**　CDプレーヤーのスピーカーから直接音声を聞く場合は，別室となります。

161

**【ウ】肢体不自由**

| 受験特別措置の対象となる者 | 特別に措置する事項 | | | | |
|---|---|---|---|---|---|
| | すべての科目において措置する事項 | | | | 左記以外で特別に措置する事項（例） |
| | 解答方法 | 試験時間 | 試験室 | 試験室で措置又は用意されるもの | |
| ①体幹の機能障害により座位を保つことができない者又は困難な者 | チェック解答 注2 | 1.3倍に延長 | 別室 | ・チェック解答用紙 ・下書き用紙 （数学・理科のみ） | ・介助者の配置 注5 ・1階又はエレベーターが利用可能な試験室で受験 ・洋式トイレ又は身障者用トイレに近い試験室で受験 |
| ②両上肢の機能障害が著しい者 | | | | | |
| ③上記以外で解答用紙にマークすることが困難な者 注1 | | 延長なし | | | |
| 体幹又は両上肢の機能障害が著しい者で，チェック解答が不可能な者 | 代筆解答 注3 | 1.3倍に延長 （科目によっては，1.5倍に延長） 注4 | 別室 | 代筆者 | ・特製机の持参使用又は試験場側での準備 ・車椅子の持参使用 ・杖の持参使用 ・試験室入口までの付添者の同伴 ・試験場への乗用車での入構 |
| | | 延長なし | | | |
| 上記以外の肢体不自由者 | ———————————————————— | | | | |

注1　③の欄に該当する者は，障害が試験時間延長（1.3倍）に該当する程度ではないが，一般の解答用紙にマークすることが困難であると認められる者です。

注2　チェック解答とは，チェック解答用紙に受験者が選択肢の数字等をチェックする解答方法です。（21・22ページ参照）

　　　なお，チェック解答を希望する者は，受験教科（ただし，数学については，数学①及び②，理科については，理科①，②及び③の試験時間帯）を，身体障害者等受験特別措置申請書（裏面）㉕欄で選択してください。選択した教科以外は，受験することができません。また，出願後は，受験教科の変更はできません。

注3　代筆解答とは，受験者が問題番号と解答を口頭で伝え，代筆者が，受験者に代わって解答用紙に記入する解答方法です。代筆解答に該当する者が，解答手段として機器（音声出力による意思伝達装置，パソコン）の持参使用を希望する場合は，審査の上，使用方法を制限して許可することがあります。

　　　なお，代筆解答を希望する者は，受験科目を，身体障害者等受験特別措置申請書（裏面）㉔欄で選択してください。選択した科目以外は，受験することができません。また，出願後は，受験科目の変更はできません。

（審査の上許可される事項）

| 英語リスニングにおいて措置する事項 | | | 必要な提出書類 |
|---|---|---|---|
| 試験時間 | | 音声聴取の方法 | |
| 右のどちらか一方を選択 注6 | 1.3 倍に延長（連続方式） | CD プレーヤー（監督者が操作） | ヘッドホン 注7 |
| | 1.3 倍に延長（音止め方式） | | |
| 延長なし | | IC プレーヤー（監督者が操作を補助） | |
| 右のどちらか一方を選択 注6 | 1.3 倍に延長（連続方式） | CD プレーヤー（監督者が操作） | CD プレーヤーのスピーカーから直接音声を聞く方式 |
| | 1.3 倍に延長（音止め方式） | | |
| 延長なし | | IC プレーヤー（監督者が操作を補助） | ヘッドホン 注7 |
| 注8 | | | |

必要な提出書類（各区分）:
- （上段 ヘッドホン 注7 区分）
  - ・受験特別措置申請書
  - ・この冊子にとじ込みの診断書（肢体不自由関係 1）
  - ・状況報告・意見書（肢体不自由関係 2）
- （延長なし IC プレーヤー 区分）
  - ・受験特別措置申請書
  - ・医師の診断書（任意の様式）
- （CD プレーヤーのスピーカーから直接音声を聞く方式 区分）
  - ・受験特別措置申請書
  - ・この冊子にとじ込みの診断書（肢体不自由関係 1）
  - ・状況報告・意見書（肢体不自由関係 3）
- （注8 区分）
  - ・受験特別措置申請書
  - ・医師の診断書（任意の様式）注9

注 4 　代筆解答で試験時間延長（1.3 倍）に該当する者は，意思伝達に著しく時間を要すると認められる者です。この者については，数学（工業数理基礎，簿記・会計，情報関係基礎を含む。）に限り試験時間が 1.5 倍となります。

注 5 　介助者とは，特別支援学校の教諭等で，試験室において受験者の介助を行う者のことです。

注 6 　出願後は，延長方式の変更はできません。（各方式の具体的な方法については，12・13 ページ参照）

注 7 　ヘッドホンに代えて，イヤホンの使用又は CD プレーヤーのスピーカーから直接音声を聞く方式を希望する場合は，身体障害者等受験特別措置申請書㉑「その他の希望措置」欄に記入してください。

注 8 　リスニングで使用するイヤホンが耳の形に合わず装着できないため，ヘッドホンの貸与を希望する場合は，別途，「イヤホン不適合措置申請書」を出願時に提出する必要があります。詳しくは受験案内 36 ページを参照してください。この措置は，受験特別措置申請書では申請できません。

注 9 　杖の持参使用のみを申請する者は，医師の診断書は必要ありません。

**【エ】病弱**（解答方法及び試験時間については，特別な措置をしません。）

| 受験特別措置の対象となる者 | 特別に措置する事項 |
|---|---|
| | すべての科目において措置する事項 |
| 慢性の呼吸器疾患，心臓疾患，腎臓疾患等の状態が継続して医療又は生活規制を必要とする程度の者又はこれに準ずる者 | ・1階又はエレベーターが利用可能な試験室で受験<br>・杖の持参使用　注1<br>・試験室入口までの付添者の同伴<br>・試験場への乗用車での入構<br>・別室の設定　注2・3 |

**【オ】発達障害**

| 受験特別措置の対象となる者 | 特別に措置する事項 |
|---|---|
| | すべての科目において措置する事項 |
| 自閉症，アスペルガー症候群，広汎性発達障害，学習障害，注意欠陥多動性障害のため特別な措置を必要とする者 | ・試験時間の延長（1.3倍）　注3<br>・チェック解答　注3・4<br>・拡大文字問題冊子の配付（一般問題冊子と併用）　注5<br>・別室の設定　注2・3<br>・1階又はエレベーターが利用可能な試験室で受験<br>・試験室入口までの付添者の同伴<br>・試験場への乗用車での入構<br>・トイレに近い試験室で受験<br>・座席を試験室の出入口に近いところに指定 |

**【カ】その他**（解答方法及び試験時間については，特別な措置をしません。）

| 受験特別措置の対象となる者 | 特別に措置する事項 |
|---|---|
| | すべての科目において措置する事項 |
| 【ア】～【オ】の区分以外の者で特別な措置を必要とする者 | ・トイレに近い試験室で受験<br>・座席を試験室の出入口に近いところに指定<br>・別室の設定　注2・3 |

注1　杖の持参使用のみを希望する者は，「医師の診断書（任意の様式）」は必要ありません。

注2　別室の設定を希望する者は，身体障害者等受験特別措置申請書㉑「その他の希望措置」欄に，別室が必要な理由を記入してください。また，別室が必要な理由が明記された「医師の診断書（障害の区分に応じたもの）」を提出してください。
　　なお，別室については，一人一室にならないこともあります。

注3　別室の設定，試験時間の延長（1.3倍）又はチェック解答を希望する者は，受験教科（ただし，数学については，数学①及び②，理科については，理科①，②及び③の試験時間帯）を，身体障害者等受験特別措置申請書（裏面）㉕欄で選択してください。選択した教科以外は，受験することができません。また，出願後は，受験教科の変更はできません。

注4　チェック解答とは，チェック解答用紙に受験者が選択肢の数字等をチェックする解答方法です。（21・22ページ参照）
　　なお，数学及び理科においては，下書き用紙を配付します。

第三部 資料

| （審査の上許可される事項） | 必要な提出書類 |
|---|---|
| 英語リスニングにおいて措置する事項 | |
| 注 6 | ・受験特別措置申請書<br>・医師の診断書（任意の様式）<br>　　注 1・2 |

| （審査の上許可される事項） | | 必要な提出書類 |
|---|---|---|
| 英語リスニングにおいて措置する事項 | | |
| 試験時間 | 音声聴取の方法 | |
| ・試験時間の延長（1.3 倍）を希望する者は，以下①又は②のいずれかを選択　注 7<br>　①　1.3 倍に延長（連続方式）<br>　②　1.3 倍に延長（音止め方式） | ・試験時間の延長（1.3 倍）を希望する者<br>　CD プレーヤー（監督者が操作）にヘッドホンを接続　注 8<br>・チェック解答を希望する者<br>　IC プレーヤー（監督者が操作を補助）にヘッドホンを接続　注 8<br>・上記以外の者<br>　IC プレーヤーにイヤホンを接続　注 6 | ・受験特別措置申請書<br>・この冊子にとじ込みの診断書<br>　（発達障害関係 1）<br>・状況報告・意見書<br>　（発達障害関係 2） |

| （審査の上許可される事項） | 必要な提出書類 |
|---|---|
| 英語リスニングにおいて措置する事項 | |
| ・頻尿等により途中退室するため，音声を一時停止することを希望する者<br>　音声聴取の方法：CDプレーヤーにイヤホンを接続　注 6<br>　試験室：別室<br><br>※　途中退室する場合は，その都度監督者が再生を止めますが，途中退室した時間の延長は認めません。 | ・受験特別措置申請書<br>・医師の診断書（任意の様式）<br>　　注 2 |

注 5　拡大文字問題冊子は，一般問題冊子と比べて，文字の拡大率が 1.4 倍（14 ポイントのゴシック体），面積倍率が 2 倍となっています。

注 6　リスニングで使用するイヤホンが耳の形に合わず装着できないため，ヘッドホンの貸与を希望する場合は，別途，「イヤホン不適合措置申請書」を出願時に提出する必要があります。詳しくは受験案内 36 ページを参照してください。この措置は，受験特別措置申請書では申請できません。

注 7　出願後は，延長方式の変更はできません。（各方式の具体的な方法については，12・13 ページを参照）

注 8　ヘッドホンに代えて，イヤホンの使用又は CD プレーヤーのスピーカーから直接音声を聞く方式を希望する場合は，身体障害者等受験特別措置申請書㉑「その他の希望措置」欄に記入してください。

**【参考】特別支援学校における障害の基準**

　特別支援学校における視覚障碍者、聴覚障害者、知的障害者、肢体不自由又は病弱者の障害の程度は、次の表に掲げるとおりである。

| 区　　分 | 障　害　の　程　度 |
|---|---|
| 視 覚 障 碍 者 | 　両眼の視力がおおむね0.3未満のもの又は視力以外の視機能障害が高度のもののうち、拡大鏡等の使用によっても通常の文字、図形等の視覚による認識が不可能又は著しく困難な程度のもの |
| 聴 覚 障 害 者 | 　両耳の聴力レベルがおおむね60デシベル以上のもののうち、補聴器等の使用によっても通常の話し声を解することが不可能又は著しく困難な程度のもの |
| 知 的 障 害 者 | 1．知的発達の遅滞があり、他人との意思疎通が困難で日常生活を営むのに頻繁に援助を必要とする程度のもの<br>2．知的発達の遅滞の程度が前号に掲げる程度に達しないもののうち、社会生活への適応が著しく困難なもの |
| 肢 体 不 自 由 者 | 1．肢体不自由の状態が補装具の使用によっても歩行、筆記等日常生活における基本的な動作が不可能又は困難な程度のもの<br>2．肢体不自由の状態が前号に掲げる程度に達しないもののうち、常時の医学的観察指導を必要とする程度のもの |
| 病　　弱　　者 | 1．慢性の呼吸器疾患、腎臓疾患及び神経疾患、悪性新生物その他の疾患の状態が継続して医療又は生活規制を必要とする程度のもの<br>2．身体虚弱の状態が継続して生活規制を必要とする程度のもの |

備考
1．視力の測定は、万国式視力表によるものとし、屈折異常があるものについては、矯正視力によって測定する。
2．聴力の測定は、日本工業規格によるオージオメーターによる。

## 執筆者一覧 (50音順)

**青柳まゆみ（あおやぎ　まゆみ）**
執筆箇所　第一部第2章第1節③　第二部第1章第1節，第2節　第二部第6章第1節
所　　属　筑波大学人間総合科学研究科助教
学　　位　修士（心身障害学）
主要業績
　1．（編著）青柳まゆみ（2005）：鳥山由子（監修）青松利明・青柳まゆみ・石井裕
　　志・鳥山由子（編著）視覚障害学生サポートガイドブック．日本医療企画，29-48.
　2．（分担執筆）青柳まゆみ（2001）：視覚障害児の理解と教育・保育．一人ひと
　　りのニーズにこたえる保育と教育－みんなで進める特別支援－（聖徳大学特別支
　　援教育研究室編）．聖徳大学出版会，19-34.

**岡崎　慎治（おかざき　しんじ）**
執筆箇所　第一部第2章第4節⑤
所　　属　筑波大学大学院人間総合科学研究科講師
学　　位　博士（心身障害学）
主要業績
　1．前川久男・中山健・岡崎慎治（訳）（2010）：DN-CASによる子どもの学習支
　　援－PASS理論を指導に活かす49のアイデアー．日本文化科学社.
　2．前川久男・中山健・岡崎慎治（訳）（2010b）：エッセンシャルズ　DN-CASに
　　よる心理アセスメント．日本文化科学社.

**柿澤　敏文（かきざわ　としぶみ）**
執筆箇所　第一部第2章第1節①②　第三部
所　　属　筑波大学大学院人間総合科学研究科准教授
学　　位　教育学博士
主要業績
　1．（分担執筆）柿澤敏文（2007）：第4章　視覚障害の生理学．宮本信也・竹田
　　一則（編）障害理解のための医学・生理学．明石書店，203-254.
　2．柿澤敏文（2008）：ロービジョン者・高齢者の眼球運動．光学，37巻，9号，
　　526-534.

**加藤　靖佳（かとう　やすよし）**
執筆箇所　第一部第2章第2節①②
所　　属　筑波大学大学院人間総合科学研究科准教授
学　　位　教育学博士
主要業績
　1．（分担執筆）加藤靖佳（2008）：構音の発達と障害．障害科学の展開　第5巻
　　長崎勤・前川久男（編著）障害理解のための心理学．明石書店，139-144.
　2．（分担執筆）加藤靖佳（2006）：言語機能（音声機能を含む）の生理学．講座
　　特別支援教育2　前川久男（編著）特別支援教育における障害の理解．教育出
　　版，34-37.

**久賀　圭祐（くが　けいすけ）**
執筆箇所　第二部第3章第3節
所　　属　筑波大学大学院人間総合科学研究科准教授
学　　位　医学博士

主要業績
1．（分担執筆）久賀圭祐（2009）：体表心電図による鑑別．青沼和隆・松崎益徳（編）新・心臓病診療クリニカルプラクティス「不整脈を診る・治す」．文光堂，85-91.
2．（分担執筆）久賀圭祐・山口　巌（2007）：アミオダロンによる不整脈治療の実際．日本心電学会学術諮問委員会（編）不整脈にアミオダロンをどう使うか（改訂版）．東京：ライフメディコム，85-107.

**佐島　　毅（さしま　つよし）**
執筆箇所　　第二部第6章第2節
所　　属　　筑波大学大学院人間総合科学研究科准教授
学　　位　　博士（心身障害学）
主要業績
1．（著書）佐島毅（2009）：知的障害幼児の視機能評価に関する研究－屈折状態の評価と早期発見・早期支援－．風間書房.
2．（分担執筆）佐島毅（2011）：長崎　勤・藤野　博（編著）シリーズ・臨床発達心理学第4巻　学童期の支援．ミネルヴァ書房.

**竹田　一則（たけだ　かずのり）**
執筆箇所　　第一部第2章第3節①②
所　　属　　筑波大学大学院人間総合科学研究科教授
学　　位　　博士（医学）
主要業績
1．（著書）竹田一則（2008）：肢体不自由児、病弱・身体虚弱児教育のためのやさしい医学・生理学．ジアース教育新社.
2．（分担執筆）竹田一則（2007）：2.1.1　運動障害、その他の後天障害の医学・生理学、障害の概要、運動障害．2.2　脳性麻痺．3.1　小児の健康障害とは．3.2　アレルギー疾患．シリーズ障害科学の展開　第4巻　宮本信也・竹田一則（編）障害理解のための医学・生理学．明石書店.

**鳥山　由子（とりやま　よしこ）**
執筆箇所　　第一部第1章第1節，第2節，第3節　第二部第3章第1節，第2節
所　　属　　元筑波大学大学院人間総合科学研究科
学　　位　　博士（心身障害学）
主要業績
1．（編著）鳥山由子（2007）：視覚障害指導法の理論と実際．ジアース教育新社.
2．（監修）鳥山由子（2005）：青松利明・青柳まゆみ・石井裕志（編著）3．視覚障害学生サポートガイドブック．日本医療企画.

**名川　　勝（ながわ　まさる）**
執筆箇所　　第一部第1章第4節　第二部第2章第3節　第二部第4章，第5章
所　　属　　筑波大学大学院人間総合科学研究科講師
学　　位　　教育学修士（心身障害学）
主要業績
1．（分担執筆）名川勝（2009）：障害者への支援の実際．村田彰・星野茂・池田恵利子（編）わかりやすい成年後見・権利擁護．民事法研究会，191-196.
2．（共著・筆頭）名川勝（2007）：実例からみた身上監護の枠組みと運用．実践成年後見，23，30-35.

**野呂　文行（のろ　ふみゆき）**

執筆箇所　第一部第2章第4節①②③④　第二部第2章第1節
所　　属　筑波大学大学院人間総合科学研究科准教授
学　　位　博士（教育学）教育学修士（心身障害学）
主要業績
　1．（著書）野呂文行（2006）：園での「気になる子」対応ガイド．ひかりのくに．
　2．（分担執筆）野呂文行（2006）：ADHDをもつ子どもへのSST．佐藤正二・佐藤
　　　容子（編）学校におけるSST実践ガイド．金剛出版，90-104．

**原島　恒夫（はらしま　つねお）**

執筆箇所　第一部第2章第2節③　第二部第2章第2節　第二部第6章第3節
所　　属　筑波大学大学院人間総合科学研究科准教授
学　　位　教育学博士
主要業績
　1．（分担執筆）原島恒夫（2007）：宮本信也・竹田一則（編）聴覚障害の医学・
　　　生理学．障害科学の展開　第4巻　障害理解のための医学・生理学．明石書店，2
　　　64-282．
　2．（分担執筆）原島恒夫（2006）：聴覚障害とは．講座特別支援教育2　筑波大
　　　学特別支援教育センター／前川久男（編）特別支援教育における障害の理解．
　　　教育出版，61-65．

**堀　　孝文（ほり　たかふみ）**

執筆箇所　第一部第2章第5節
所　　属　筑波大学大学院人間総合科学研究科准教授
学　　位　博士（医学）
主要業績
　1．（分担執筆）堀孝文（2005）：ポストサイコティックデプレッション．上島国
　　　利（監修）精神科臨床ニューアプローチ2　気分障害．メジカルビュー社，127-
　　　132．
　2．（分担執筆）堀孝文（1998）：過剰な内省と自生体験が目立つ1例－「初期分
　　　裂病」における思考障害について．精神分裂病．松本雅彦（編）臨床と病理1．
　　　人文書院，93-114．

**山中　克夫（やまなか　かつお）**

執筆箇所　第一部第2章第3節③
所　　属　筑波大学大学院人間総合科学研究科准教授
学　　位　博士（学術）
主要業績
　1．（編著）山中克夫：日本版WAIS - Ⅲの解釈事例と臨床研究．日本文化科学社．
　2．（共編）山中克夫：New認知症高齢者の理解とケア．学研メディカル秀潤社．

**執筆協力者**
● **有海順子・能美由希子・森　まゆ**
　（筑波大学大学院人間総合科学研究科博士後期課程）（第二部第1章第1節②）
● **溝曽路哲也**（筑波大学大学院人間総合科学研究科博士前期課程）（第二部第6章第3節）
● 視覚障害学生支援チーム
● 聴覚障害学生支援チーム
● 運動障害学生支援チーム

**障害学生支援入門** －誰もが輝くキャンパスを－
**＜オンデマンド版＞**

平成28年9月23日　初版第1刷発行

■　編　　鳥山 由子・竹田 一則
■　発行者　加藤 勝博
■　発行所　株式会社ジアース教育新社
　　　　　　〒101-0054　東京都千代田区神田錦町1-23
　　　　　　　　　　　　　　　　　　　宗保第2ビル
　　　　　　TEL 03-5282-7183　　FAX 03-5282-7892
　　　　　　E-mail：info@kyoikushinsha.co.jp
　　　　　　http：//www.kyoikushinsha.co.jp
　　　　　　©Yoshiko Toriyama, Kazunori Takeda

■カバーデザイン　西川　潔
　印　　刷　株式会社 創新社
○定価はカバーに表示しております。
○乱丁、落丁はお取り替えいたします。(禁無断転載)
　ISBN978-4-86371-383-3